Ursula Druck und Sabine Hailfinger

Der Wind fegt durch die Sträucher

Katzengeschichten, die das Leben schrieb

Mit Illustrationen von Cornelia Kretschmann

Die Deutsche Bibliothek – CIP-Einheitsaufnahme

Ein Titeldatensatz für diese Publikation
ist bei der Deutschen Bibliothek erhältlich
ISBN: 978-3-940574-40-4
CO.IN. MEDIEN Verlagsgesellschaft mbH,
Otto-von-Guericke-Ring 3a, 65205 Wiesbaden
www.coin-online.de
Bestellfax: 06122-705470

Alle Rechte, auch die des auszugsweisen Nachdrucks, vorbehalten.
Umschlaggestaltung: CO.IN. MEDIEN, Julia Schünke
Illustrationen: Cornelia Kretschmann
DTP: CO.IN. MEDIEN
2., überarb. Auflage 2011

ISBN: 978-3-940574-40-4

Katzen bleiben ein Rätsel,
für das es keine Auflösung gibt.

(Nach Hazel Nicholson)

Das Wetter meint es heute beim Tierheimfest nicht gut. Der ganze Samstag bleibt Wolken verhangen. Im Katzenhaus des Tierheims gibt es daher weniger Besucher als sonst, die sich für vierbeinige Mitbewohner interessieren. Als die letzten gehen, grollen die ersten Donnerschläge und der Regen prasselt herunter. Spontan entscheiden die Helferinnen, dass sie es sich im Aufenthaltsraum bei einer Kanne Kaffee gemütlich machen werden. Anja deckt den Tisch.

Urte schaut aus dem Fenster und meint nachdenklich: „Bei Olli war es damals auch schlechtes Wetter und dazu noch extrem kalt im Januar! Er hat Schreckliches durchgemacht." „Was geschah mit ihm? Erzähle!" entgegnen Sandra und Anja spontan. „Ollis und Olas neunzigjähriges Frauchen wurde von der Kripo tot in ihrem Haus aufgefunden," beginnt Urte ihren Bericht.

Olli

Ein eisiger Wind fegt durch die kahlen Sträucher im Garten. Regentropfen durchfeuchten meinen

Winterpelz. Ola und ich stürzen ins Haus. Totenstille! „Frauchen! Wir haben Hunger! Mauu!" Frauchen rührt sich nicht. Ich streife um ihre Beine, schmiege mich an ihre Hand. Nichts! Sie ist starr und kalt. Plötzlich Getöse an der Tür. „Gefahr" kreischt meine Katzenmutter Ola. Wir flüchten durchs offene Kellerfenster.

Ich renne, renne, renne. Wo ist Ola? Nun habe ich auch sie noch verloren. Zitternd und frierend kauere ich mich in einen fremden Kellereingang, obwohl mir von dem Gestank fast schlecht wird. Hier wohnt der böse Jagdhund, der uns manchmal verfolgt hat. Ich bin aber zu müde zum Weiterlaufen. Plötzlich öffnet sich die Tür. Die Nachbarin schaut verdutzt auf mich, hebt mich dann hoch. Vor Schreck vergesse ich mich zu wehren. „Armer Olli, dein Frauchen ist tot. Du kannst erst einmal hier in der Waschküche bleiben. Da bist du vor unserem Hund sicher."

Ich verkrieche mich in einer Ecke und verliere jedes Zeitgefühl. Die Frau bringt mir Futter. Selten rühre ich ein Häppchen an. Ich bin so einsam, sehne mich nach Frauchen und Ola. Wo sind sie nur? Jedes Geräusch erschreckt mich.

Wochen vergehen.

Gerade habe ich gefrühstückt. Heute hat es mir endlich geschmeckt. Was sind das für Laute? Fremde Stimmen? Rasch krieche ich in die Waschmaschine. „Olli, Olli, wo bist du?" Unbekannte Menschen greifen mich und stecken mich in einen Korb. Ich gerate in Panik. Der Korb wird fortgetragen. Da ist die Straße. Ein dunkles Loch. Das Loch bewegt sich. Ich verliere fast das Bewusstsein.

Schon wieder ein fremdes Haus, eine Wohnung. Alles strömt den Duft eines Artgenossen aus. Der Korb wird geöffnet. Menschen! Katze! Das Entsetzen steigert sich. Ein Sprung auf den Küchenschrank! Sie reden über mich. Tierarzt! Sie wollen mich erneut fangen! Ich fauche und kratze, bis sie von mir ablassen. In einem unbewachten Moment flüchte ich durch alle Räume in einen dunklen Winkel unter einen Schreibtisch in der Ecke.

Wieder vergehen Tag und Nacht und Tag und Nacht. Da sind die Wohnungsinhaberin und der andere Kater. Er beobachtet mich. Ich rühre mich nicht. Die Frau spricht mit mir, bietet mir Leckerbissen an. Ich will aber nicht mehr. Begreifen sie denn nicht, wie ich mich fühle?!

Mein Hunger wird immer größer. Ich sperre mich gegen die neue Umgebung, kauere erstarrt in meinem Versteck. Plötzlich schnuppere ich einen vertrauten Duft. Seelachsfilet! Ein voller Napf steht vor der Schrankecke im Schlafzimmer. Ich halte es nicht mehr aus, stürze mich auf den Fisch. Und dann gleich auf die fremde Frau. Ich fürchte mich so, bin so einsam, brauche Zuwendung, Streicheleinheiten! Heftig reibe ich mich an ihr, schnurre laut. Lange habe ich nicht mehr so geschmust.

Die Frühlingssonne streicht mir übers Fell. Ich sitze auf dem Balkon und genieße die Wärme. Kater Tommi sitzt neben mir. Wir sind Freunde und – ich habe wieder ein geliebtes Frauchen! Ich bin zu Hause! Nur – vergessen habe ich bis heute nicht...

„Ola hat man nie mehr gefunden. Die Nachbarin hat es gut mit Olli gemeint" sagt Anja, „aber er

wäre im Tierheim besser aufgehoben gewesen."
„Ja, dann wäre er auch als Freigänger vermittelt worden. Aber er wurde später sehr schwer krank, hätte doch nicht draußen leben können und hat sich ganz eng an mich angeschlossen" erwidert Urte. „Streuners letzter Winter war ebenfalls hart" erzählt Sandra.

Streuner

Ein kalter Wintertag. Alles ist tief verschneit, der Boden schon seit vielen Tagen hart gefroren. Der alte Tigerkater ist ausgehungert, müde und er friert, die Kälte macht ihm sehr zu schaffen. Aber ohne Abendessen einen Unterschlupf suchen und die ganze Nacht vor Hunger nicht schlafen können? Nein, diese Nacht muss er einfach Nahrung finden und so wagt er sich ganz nah an die Häuser der Menschen, die er sonst so sehr fürchtet. Hier in den Gärten gibt es Komposter und manchmal findet sich da etwas, was eine Katze fressen kann, um wenigstens das schlimmste Hungergefühl zu betäuben.

Heute scheint für den hungrigen Streuner ein Glückstag zu sein. Auf dem Kompost bei einem der Häuser, wo die gepflegten Haustier-Katzen leben, ist richtiges Katzenfutter. Da liegt eine große Portion von einem gut riechenden Nassfutter, das die verwöhnten Hauskatzen offensichtlich verschmäht hatten und das erst wenige Minuten draußen war. Es ist noch schön warm und nicht fest gefroren. Hungrig schlingt der Kater alles in sich hinein, sucht noch nach dem kleinsten Bröckchen Katzenfutter zwischen den Gemüseresten und bemerkt nicht, dass er beobachtet wird.

Am nächsten Abend kommt der namenlose, halb verhungerte Kater wieder, um nachzusehen, ob er Glück hat und die verzogenen im Haus lebenden Katzen vielleicht wieder etwas übrig gelassen hatten, was die Menschen dann wegwerfen mussten. Auf dem Kompost ist heute zwar nichts, aber er riecht leckeres Futter und ist sehr erstaunt, dass in der Nähe zwei Schüsseln stehen: Eine mit Trockenfutter, das er kaum fressen kann, weil er keine Zähne mehr hat, und eine mit schön warmem Nassfutter. Es ist viel Nassfutter in der Schale, aber der hungrige Streuner verdrückt alles binnen kürzester Zeit, läuft nach dem Essen so schnell wie möglich zu seinem Schlafplatz weit abseits der menschlichen Behausungen und bemerkt wieder nicht, dass er beim Fressen beobachtet wurde.

Als er am darauf folgenden Abend wieder kommt, hat sich der Futterplatz am Kompost noch mehr verändert. Da steht jetzt ein Holzhäuschen, ausgekleidet mit Styropor und Stroh. Dem Duft folgend findet der Kater in einer großen flachen Schüssel viel warmes Dosenfutter im Vorraum des neuen Häuschens. Irgendwie spürt er, dass das jetzt sein Häuschen sein soll und sein Futter, aber er kann das alles nicht so richtig glauben, frisst hastig und läuft dann wieder weg. Die Nähe zu den Häusern und den Menschen ist ihm unheimlich. So geht es ein paar Tage in diesem bitterkalten Winter. Man kann beinahe die Uhr danach stellen, wann der Tigerkater kommt. Und jeden Tag steht frisches, warmes Futter in dem Häuschen.

Von Tag zu Tag spürt der alte Kater mehr, dass dies sein letzter Winter sein wird, dass er den Frühling nicht mehr erleben wird. Sein Gang ist inzwischen langsam geworden, aber er kommt jeden Tag zu dem Häuschen und dem Futter, hat inzwischen auch schon Freundschaft mit den im Menschenhaus wohnenden Katzen geschlossen. Eines Abends, als er gerade vor seinem Futterschälchen sitzt, kommt eine Menschenfrau, ganz vorsichtig und langsam. Sie hat das nette getigerte Katzenmädchen auf dem Arm, dem er schon öfters begegnet war. Obwohl er von dem Katzenmädchen weiß, dass diese Menschenfrau einer Katze niemals etwas antun würde, bleibt er misstrauisch, achtet darauf, dass der Abstand zwischen ihm und den Menschen immer groß genug bleibt.

Noch kann der alte Kater seine Schwäche, die in der Natur den Tod bedeutet, halbwegs gut verbergen und so versuchen die Menschen, den Streuner, den sie inzwischen Outdoori genannt haben, behutsam an ein Zuhause zu gewöhnen. Das gute Futter wird jetzt von den Menschen immer erst gebracht, wenn er schon da ist und darauf wartet. Das nette Katzenmädchen Knuffel ist immer mit dabei. Nach Kurzem dürfen sich die Menschen bis auf zwei oder drei Meter nähern, aber nur, wenn sie das Tigerkatzenmädchen auf dem Arm haben oder wenn die Kleine um die Beine der Menschen streicht. Ohne Knuffel würde der Kater sofort davonlaufen.

Eines Abends, als es dem alten Kater schon sehr schlecht geht, springt die Katze vom Arm ihres Frauchens, läuft auf den Kater zu, gibt ihm Nasenstubser und schmiegt sich tröstend an ihn. Er frisst sein Schälchen leer wie jeden Abend, bemerkt nicht, dass die Menschenfrau inzwischen sehr nahe an ihn herangeschlichen ist, ihn genau anschaut und sieht, wie alt und krank er ist. Er weiß, dass dies sein letzter Abend sein wird, verabschiedet sich von seiner getigerten Freundin und geht – für immer.

Als die Menschen am nächsten Abend eine Katzenfalle aufstellen und als Knuffel den Kater – als Verbündete der Menschen – in die Falle locken will, damit der Kater zum Tierarzt gebracht und versorgt werden kann, kommt er nicht mehr, kann nicht mehr kommen, da er in der Nacht zuvor für immer eingeschlafen ist. Viel später erst finden Menschen den letzten Schlafplatz des einsamen Streuners in einem der zahlreichen Brennholzstapel am Waldrand.

„Schade, dass er es nicht geschafft hat, aber er musste wenigstens zuletzt nicht hungern", sagt Anja in die erstarrte Stille hinein. „Sag mal, Urte, ist der Tommi wirklich mit dem Olli ausgekommen? Er war doch recht schwierig." „ Soll er doch mal selbst erzählen," erwidert Urte.

Tommi

Ich bin Tommi, ein schwarz-weißer kastrierter Kater und gerade sieben Jahre alt. Und eigentlich will ich gar nicht schreiben. Aber Frauchen meint, ich müsste. Weil ich immer der Letzte bin – seit meiner Geburt.

An die Zeit nach meiner Geburt kann ich mich nicht so recht erinnern – nur dass die Geschwisterchen mich immer von der Mama und damit der Nahrung weggeschoben haben. Da lasse ich mich heute noch vertreiben. Einmal war es ganz dunkel und fürchterlich eng. Wir alle zusammen bekamen kaum Luft. Plötzlich wurden wir hochgehoben. Eine Stimme schimpfte: „Da hat doch so ein Unmensch einen ganzen Wurf Katzen mitsamt der Mutterkatze in einem Sack auf die Straße geworfen."

Der Fremde nahm uns mit in seine Wohnung. Wir hatten noch mehr Hunger als zuvor, aber an den Zitzen meiner Katzenmama war kein Platz für mich. Ich fiepte kaum hörbar. Nach einiger Zeit wurde mir etwas wie eine Zitze ins Mäulchen geschoben, und es kam Milch. Heftig saugte ich. Von nun an fütterte mich das Herrchen mit der sogenannten Flasche.

Nach und nach verschwanden die Geschwisterchen und die Mama auf unerklärliche Weise. Ich war allein. Am Anfang waren das Herrchen und ein Frauchen bei mir. Dann kamen sie nur alle paar Tage und stellten mir Trockenfutter hin. Ich rannte verzweifelt durch die große Wohnung

und langweilte mich entsetzlich. Ich war jetzt ein richtiger kleiner Halbstarker, gerade ein Jahr alt. Besonders hübsch war ich aber nicht – sehr mager, mein Fell war trocken und struppig.

Eines Tages war das Frauchen zu Hause und redete heftig auf den seltsamen Gegenstand ein, den die Menschen Telefon nennen. Von „Katzenhilfe" und „Katze abgeben" war die Rede. Ich wusste nicht, was das bedeutet, hatte nur Angst vor der hektischen Stimme. Zwei Tage später kamen Leute und wollten mich anschauen, aber ich versteckte mich. Sie wollten mich nicht sofort mitnehmen, Herrchen erpresste sie aber, indem er meine Tötung andeutete.

Wie erstarrt kauerte ich in meinem Katzenkorb, als mich ein Auto in eine unbekannte Wohnung brachte. Ich versteckte mich gleich hinter dem Nähkorb. Erst in der Nacht schlich ich durch die fremde Umgebung. Das neue Frauchen war ganz aufgeregt, weil sie noch nie eine Katze hatte.

Ich bekam einen schönen Kratzbaum, Spielzeug und gutes Futter. Aber auch hier war ich viel alleine. „Ich muss arbeiten gehen" sagte das

Frauchen. Wenn sie nach Hause kam, wollte ich mit ihr toben und zeigte ihr das mit Krallen und Zähnen. Ihr Fell ist aber wohl ziemlich empfindlich, sie blutete ständig. Sie spielte zwar mit mir, aber es war mir nie genug. Am glücklichsten war ich, wenn Handwerker kamen und ich in deren Werkzeugkästen stöbern konnte.

Schmusen wollte ich allerdings gar nicht, dann kratzte und biss ich sofort. Nach einiger Zeit sprach Frauchen mit der Vermittlerin von der „Katzenhilfe" und bat sie um Rat. Diese empfahl ihr, mich doch einschläfern zu lassen. Macht man das mit jungen Menschen auch? Frauchen ließ mich stattdessen vom Tierarzt untersuchen. Auf dem Weg dorthin presste ich mich im Korb ganz fest an ihre Hand, weil ich mich so fürchtete. Sollte ich schon wieder weggebracht werden? Nein, ich wurde gestochen, dann aber wieder mit nach Hause genommen.

Frauchen wartete noch mehrere Monate. Ich änderte mein Verhalten nicht. An einem Samstagmorgen kam ein Ehepaar mit einem Transportkorb, und der Duft einer anderen Katze war zu riechen. „Du bekommst jetzt einen Spielgefährten", erklärte Frauchen. Der Korb wurde geöffnet und im Nu war ein fauchendes Etwas auf dem Küchenschrank. Keiner konnte den Neuling greifen. Nach ein paar Stunden verschwand er in einer Ecke im Schlafzimmer. Ich hatte ihn kaum gesehen. Tagelang saß ich vor dessen Versteck und konnte den Fremden nur ahnen.

Frauchen war ganz verzweifelt, weil der Kater auch nichts fraß und nicht aufs Katzenklo ging. Erst als sie ihm gedünsteten Fisch hinstellte – iih, wie ekelhaft -, stürzte er sich aufs Futter. Und dann auf sie. Der schmuste und schnurrte wie ein Bekloppter! Ich zog mich beleidigt zurück. Der Grautiger – Olli heißt er – war ganz verrückt auf mein Frauchen. Ich blieb erst ganz im Hintergrund. Aber die einsamen Tage änderten sich nun. Die Wohnung war nicht mehr leer, da war jemand zum Raufen und Rumtollen. Und jemand, der einem bei der Körperpflege half. Wenn er sich nur nicht so an Frauchen rangeschmissen hätte. Sogar ins Bett folgte er ihr. Das hatte ich bis dahin nie getan.

Wenn Besucher kamen, versteckte sich Olli allerdings immer. Dann hatte ich meinen Auftritt. In meinem mittlerweile seidig glänzenden Frack war ich der perfekte Butler. Das gefiel den Gästen. Ist ja doch ganz angenehm, liebkost zu werden. Dann – an einem Sonntag, als Olli schlief – versuchte ich es auch einmal bei Frauchen. Zuerst gab ich ihren Füßen Köpfchen. Dann sprang ich auf die Sessellehne, und sie machte mir gleich Platz und kraulte mich. Ich kuschelte mich hinter sie auf den Sitz. Ganz leise fing ich an zu schnurren und sah sie mit verschleierten Augen an.

Das wurde nun meine Methode, mit Frauchen Kontakt aufzunehmen. Mittlerweile schubse ich sie einfach sanft mit der Pfote, wenn ich hinter sie in den Sessel will. Aber ich stelle mich jetzt auch auf ihre Knie oder besuche sie nachts im Bett, auch wenn ich den Kumpel verjagen muss. Inzwischen sind aber auch schon sechs Menschenjahre vergangen, und wir sind im besten Katzenmannesalter. Auch wenn Olli mehr flirtet – er wäscht Frauchen sogar den Kopf –, versucht sie uns immer gleich zu behandeln. Besonders achtet Frauchen darauf, dass der verfressene Olli mir nicht alle Leckerbissen stibitzt.

Am liebsten residiere ich ganz oben auf dem Kratzbaum. Diesen Platz habe ich Olli streng verboten. Ich bin ein schöner Kater, sagen die Menschen. Ich bin ein charmanter Kater, sagen die Bekannten. Zu Frauchen bleibe ich eher zurückhaltend, nur – weggegeben werden möchte ich nicht. Deshalb schmuse ich heftig mit Frauchen, wenn diese auf Besuch wartet oder wenn Besuch da ist. Nein – ich bin nicht der Letzte.

„Das klingt ja nach einer richtigen Katerfreundschaft", meint Sandra. „Was haben die Beiden denn alles zusammen erlebt?" „Oh, so Einiges" sagt Urte. „Sie waren sogar bei der Aufklärung eines Mordes dabei."

Tweety

Es ist nichts so fein gesponnen,
es kommt doch ans Licht der Sonnen.

(Theodor Fontane, Unterm Birnbaum)

Ein Tag im September. Es ist heiß wie im Hochsommer. Träge werkeln die Bauarbeiter auf dem Gerüst am Neubau. Da, plötzlich, ertönt ein Schrei: Zoran, der kroatische Maurer, liegt regungslos am Fuß des Gerüstes. Die Sirenen des Rettungsdienstes schrillen durch die enge Straße. Umsonst. Der Notarzt kann nur noch den Tod feststellen. Hauptkommissar Klug von der örtlichen Kriminalpolizei befragt die Kollegen des Toten. „Zoran war ein ganz Ruhiger. Er hatte nie Streit. Aber er hat schon lange einen Herzfehler. Und bei der Schwüle ...“ Die Obduktion bestätigt: Es gibt keine äußeren Verletzungen. Zoran hatte einen Herzinfarkt und hat sich beim Sturz das Genick gebrochen.

Zwei Jahre später...

Es ist dunkel. Grautiger Olli sitzt am offenen Küchenfenster und blickt starr in die Hofeinfahrt. Wenn nur dieses verflixte Fliegengitter nicht wäre! Wenn Frauchen nicht so viele Bedenken wegen der Autos auf der Straße hätte! Zu gerne würde er sein Revier draußen kontrollieren. Es raschelt. Wer ist denn da? Die Nachbarkätzin

Chica? Auf die ist er sowieso eifersüchtig, weil sie mit seinem Frauchen flirtet. Seit Chica gemerkt hat, dass er nicht heraus kann, würdigt sie ihn keines Blickes mehr. Aber zum Betteln kommt sie regelmäßig. Nein, da schleicht etwas Schwarzes. Das ist Tweety, der Nachbar von der anderen Straßenseite. Fauchend erhebt sich Olli zu voller Größe auf die Hinterpfoten. Der hat ihm gerade noch gefehlt. Klaut sich im Hinterhof immer das Trockenfutter, das Frau Groß für Chica vom Balkon wirft. Ganz schön frech ist der, dabei ist er als Letzter hierher gezogen. Tweety maunzt und zieht sich langsam in Richtung Straße zurück. Olli rennt durch die Wohnung zum vorderen Fenster und schaut hinterher. Der Schwarze ist verschwunden – wohl zu einem Besuch bei Katze Candy.

Nein, schon wieder ein Geräusch hinten aus dem Gebüsch. Olli wundert sich. Um diese Zeit gibt es doch gar nichts zu fressen. Tweety ist umgekehrt und scharrt im vollen Mondlicht. Immer hektischer wühlt er den Boden auf. Olli ruft, so laut er kann, nach seinem Frauchen. Endlich wird sie aufmerksam, sieht Tweety noch flüchten. Auch Ollis Kumpel Tommi kommt jetzt ans Fenster, schnuppert am Gitter. Was ist das dort auf dem Boden? Eine Blutspur! Frauchen greift zum Telefon: „Frau Vogel, Ihr Kater scheint sich verletzt zu haben!" Die Nachbarin findet Tweety mit einer Schnittwunde vor ihrer Balkontür. Frauchen geht in den Hof. Olli beobachtet sie aufgeregt von der Fensterbank aus. Was blinkt dort aus der Erde? Ein geöffnetes Klappmesser mit Blutspuren drauf!

Wie kommt ein Messer an diese Stelle? Hier wühlen doch schon lange die Katzen. Aber Tweety scheint etwas gesucht zu haben. Frauchen erinnert sich an den Todesfall. Nach kurzem Zögern ruft sie bei der Polizei an. „Na ja, wird wohl jemand verloren haben, aber fassen Sie es nicht an, wir holen es sicherheitshalber ab."

Zwei Tage später kommt Hauptkommissar Klug zu Besuch. „Wir haben alles noch einmal überprüft. An dem Messer waren nur die Fingerabdrücke des Kollegen von Zoran, Anton. In die Enge getrieben, hat Anton zugegeben, dass er eifersüchtig auf Zoran gewesen sei, weil ihm dieser die Freundin ausgespannt hatte. Von der Herzerkrankung wussten alle. Deshalb brauchte Anton Zoran lediglich mit dem Messer zu bedrohen, um ihn in Panik zu versetzen. Weil Anton die Entdeckung der Waffe fürchtete, versteckte er das Messer, als er vorgab, sich um den Verunglückten zu kümmern. Fast wäre er ja auch davongekommen, wenn da nicht dieser kleine vierpfötige Detektiv gewesen wäre!"

Heute braucht Tweety nicht zu stehlen. Eine köstliche Fleisch-Mahlzeit wird ihm und seinen Nachbarkatzen serviert. Und seine Wunde spürt er kaum noch. Die Menschen diskutieren inzwischen. „Ist das ein Zufall, dass die Katze ausgerechnet das Messer erwischt hat", sagt Patrizia aus dem Hinterhaus. „Ich weiß nicht", Frau Vogel ist nachdenklich, „im Tierheim hieß es, Tweety hätte einem verunglückten Jugoslawen gehört. Und er hat ja offensichtlich schon länger gegraben und nicht nur nach Futter gesucht."

Grautiger Olli sitzt am offenen Küchenfenster und starrt in den Hinterhof. Hoffentlich verfolgt er heute nur die Schwalben...

„Die Geschichte zeigt, wie wenig wir wirklich über unsere Katzen wissen." Sandra und Anja sind sehr nachdenklich geworden. „Mir fällt da gerade noch ein Erlebnis mit Olli ein" erinnert sich Urte. „Er hatte sich ja rasch an mich angeschlossen, legte sich aber bis zu diesem Zeitpunkt nie auf meinen Schoß. An einem Adventssonntag stand er auf meinen Knien und ich seufzte, er möge sich doch zu Weihnachten als Geschenk hinlegen. Plumps – er lag sofort! Sie verstehen viel – unsere Katzen."

„Heute konnten wir wieder mal zwei der ganz scheuen Katzen in erfahrene Hände vermitteln", erzählt Sandra. „Mit denen ist der Umgang ja besonders schwierig. Manche Halter kommen mit ihnen niemals klar." „Kollegen von mir haben sich spontan für ein Pärchen aus dem Gehege der verwilderten Katzen entschieden und die zahmen Katzen kaum noch angeschaut!" fügt Sandra hinzu. „Und das nur, weil auch hier der Kater gezielt gehandelt hat."

Nico

Woher der schwarz-weiße Neuling an der Futterstelle stammt, weiß niemand. Plötzlich taucht er aus dem Gestrüpp auf, hat offenkundig Hunger. Die Stammgäste vertreiben ihn – einmal, zweimal, dreimal. Am folgenden Tag steht in der Nähe der Futternäpfe ein großer Käfig, aus dem es verlockend duftet. Seltsam – alle machen trotzdem einen großen Bogen um ihn. Der ausgehungerte Kater kann nicht widerstehen, und die Falle schnappt zu. Ein Mann kommt, schiebt ihn in einen Transportkorb, und die Reise ins Unbekannte beginnt.

Nach kurzer Fahrt gelangen sie zu einem Haus, wo es nach Artgenossen riecht. Menschen fassen ihn an – nennen das „Untersuchen" – geben ihm den Namen Nico. Dann wird er wieder eingesperrt. Zumindest Futter gibt es hier, aber Nico kauert nur in einer Ecke, auch als er in ein großes Gehege zu anderen Katzen umzieht. In der Nacht tapst eine rot-weiße Kätzin vorsichtig auf ihn zu, stupst ihn mit der Nase an. Als er nicht reagiert, schnurrt sie laut und beginnt, ihm den Kopf zu putzen. Nico bleibt vor Überraschung wie erstarrt – aber am Ende der Nacht liegen Kater und Katze aneinandergeschmiegt in einem Körbchen. Sie werden dicke Freunde – nur wenn Menschen kommen, verstecken sich beide.

Sandra freut sich. Heute kommt sie früh aus dem Büro, weil ein Kollegenehepaar sich ein Tier aussuchen möchte und im Tierheim viele zutrauliche jüngere Katzen auf ein liebevolles Zuhause warten. Martina und Wilhelm hatten 18 Jahre lang eine Katze, bis sie vor Kurzem gebrechlich und blind verstorben ist. Nun ist die Wohnung leer.

Als sie im ersten Katzenzimmer stehen, fällt Martinas Blick aus dem Fenster ins Wildkatzengehege. Dort steht der scheue Schwarz-Weiße und – schaut sie an! „Wer bist denn du?" Völlig unerklärlich für ihre Begleiter läuft Martina spontan in dieses Gehege, bietet Nico Leckerli an. Der Kater blinzelt sie an, nimmt die Nascherien, lässt sich das Köpfchen kraulen. Als Wilhelm dazu kommt, gibt er auch ihm Köpfchen, lässt sich von ihm füttern und legt ihm die Pfote auf die Hand.

Die Tierheimmitarbeiter trauen ihren Augen nicht. Martina und Wilhelm nehmen die anderen Tiere kaum noch wahr, Nico ist ihr Kater. Behutsam weist Sandra darauf hin, dass Nico nur zusammen mit Fluffy abgegeben wird, die sich wie üblich nicht blicken lässt. „Ein Liebespaar? Das ist ja ganz rührend! Selbstverständlich nehmen wir allen beide!" Da Martina und Wilhelm einige Tage später Wochenendbesuch erwarten, müssen Nico und Fluffy so lange im Tierheim bleiben, aber kurz darauf werden sie ins neue Haus ziehen. Nur das Einfangen wird ein Problem werden... Nein, auch da hat Martina einen Einfall. Sie bringt einen großen traumhaft kuscheligen Katzenkorb vorbei, in dem Platz für Zwei ist. Nachdem der während der Wartezeit schon zum Schlafkorb für Nico und Fluffy geworden ist, steht der Reise in ein wunderbares Zuhause nichts mehr im Weg. Und die Wohnung ist von Stund an nicht mehr leer.

„Désiree und Jenny hatten auch Glück und fanden das passende Zuhause ebenso wie das Katerchen Chico", berichtet Anja. „Dessen Geschichte erzählt man nur besser in keinem Krankenhaus, nicht wahr, Urte?"

Chico

Der junge getigerte Kater schleicht geduckt durch die Gegend. Er weiß nicht so recht, wo er hingehört und hätte doch zu gerne ein Zuhause – mit Menschen, die ihn lieb haben und streicheln, gemütlichen Kuschelkörbchen und gutem Futter.

Davon ist er aber weit entfernt: vor etwa neun Monaten auf einem Bauernhof geboren, wurde er noch als Baby von Mama und Geschwistern weggerissen, weil sich ein Mädchen genau diesen kleinen Tigerkater als Geburtstagsgeschenk gewünscht hatte. Natürlich ging das nicht lange gut, ein Katzenkind ist kein Plüschtier und stellt – gerade, wenn es allein ohne Artgenossen aufwächst – jede Menge Unsinn an. So war das heiß ersehnte Geschenk nach wenigen Monaten nur noch lästig, zumal es auch noch Arbeit machte.

Da kam die Grundschulfreundin gerade recht, die eigentlich ein Kaninchen wollte, sich aber dazu überreden ließ, Chico mit nach Hause zu nehmen. Wenn nur die Eltern nicht dagegen gewesen wären. Die verlangten von ihrer Tochter, das Tier zurück zu bringen. Das Mädchen traute sich aber nicht, hat den hilflosen kleinen Kater einfach im Stadtpark auf eine Bank gesetzt und ist weggegangen. Ihrer Freundin und ihren Eltern erzählt sie, der Kater sei ihr vom Arm gesprungen und weggelaufen. Seither lebt Chico auf der Straße.

Eines Tages läuft Chico einen Weg entlang, an dem er ein Schild entdeckt, auf dem steht: „Tiere auf dem Krankenhausgelände verboten". Da der Kater nicht lesen kann, sieht er nur den durchgestrichenen Hund, denn die durchgestrichene Katze hängt zu hoch für ihn. Hier ist er also vor seinen Feinden sicher, und alle Abfälle gehören auch ihm.

Es ist Sommer und Chico lebt gut im großen

Park vor der Cafeteria. Die Menschen, die da in der Sonne sitzen, sind fast alle freundlich zu ihm, viele geben ihm sogar etwas zu essen. Die Bedienung in dem kleinen Imbiss ist auch sehr nett zu dem Kater, sie gibt ihm bei Geschäftsschluss alle Wurst- und Fleischreste, die keinen Käufer gefunden haben. Wenn es dann dunkel und still in der Cafeteria ist, kontrolliert Chico die Mülleimer auf dem Gelände und holt sich heraus, was er brauchen kann. Außerdem gibt es da ja noch die Mäusekolonie unter der Holzterrasse. Zum Schlafen geht er in die Kellergänge der Klinik. Dort gibt es sogar eine Katzentoilette, obwohl meist Zigarettenkippen darin sind.

Eines Tages kommt jedoch der Hygienebeauftragte des Krankenhauses und tobt. „Hier werden Lebensmittel verkauft, hier darf sich kein Tier herum treiben! Wir sind ein Krankenhaus! Wenn das publik wird, stehen wir morgen in der Zeitung! Wofür haben wir Verbotsschilder angebracht? Schaffen Sie ihn ins Tierheim!" Aber der Kater ist schnell, rast quer durch den Garten, springt durch ein zufällig geöffnetes ebenerdiges Fenster und versteckt sich schließlich in einem Zimmer unter einem Bett direkt neben einem brummenden und summenden Gerät mit vielen Schläuchen.

Da es in dem Raum still ist, kommt Chico schließlich aus seinem Versteck hervor und schaut sich das Bett näher an. Er springt hoch und legt sich zusammengerollt neben den frisch operierten Patienten. Zunächst bemerkt auf der Wachstation niemand den Kater. Der Patient hat so viele Narkose- und Schmerzmittel im Blut, dass er noch tief und fest schläft. Die Krankenschwestern und -pfleger schauen nur rasch auf den Monitor um ihn nicht zu stören.

Nach der schweren Operation kommt Thomas langsam wieder zu sich. Noch völlig benommen, versucht er, sich in dem Krankenzimmer zu orientieren, will feststellen, wo er eigentlich ist. Sein Körper fühlt sich furchtbar an, völlig zerschlagen, aber er spürt auch etwas kuschelig Weiches direkt an seinen Bauch. Noch nicht ganz wach, streicht er sachte über das zarte Fell – und das fängt sogleich an zu schnurren. Thomas schläft wieder ein, die Narkose wirkt noch nach und nichts wirkt beruhigender als eine schnurrende Katze. Thomas hält Chico jetzt fest in seinem Arm.

Zum Glück entdeckt Schwester Ute den Kater im Patientenbett. Sie ist Katzennärrin und überzeugt davon, dass Haustiere zur Genesung beitragen. Außerdem kommt gerade die Mutter von Thomas zu Besuch. Die beiden Frauen werden sich rasch einig, weil Thomas schon lange eine Katze wollte. Die Mutter schaut nur kurz nach ihrem Sohn, dem es jetzt ein bisschen besser geht, und flüstert ihm zu, dass sie die Katze nach Hause bringt. Endlich hat Chico wieder ein Dach über dem Kopf und genügend Futter, wird dann auch geimpft und kastriert. Als Thomas nach längerem Krankenhausaufenthalt wieder nach Hause darf, können sich beide Patienten von ihren Operationen erholen. Chico liebt sein junges Herrchen über alles. Und der weiß nur, dass er sich nach der Narkose als Erstes an ein weiches schnurrendes Katzenfell erinnert.

„Die Geschichte hat mir Schwester Ute selbst erzählt" merkt Urte an. „Aber nun erzähl uns doch die Geschichten von Désiree und Jenny, Anja."

Désiree

Der alte Doktor steht an der Futterstelle für die wilden Katzen. Fasziniert beobachtet er die scheuen Tiere, die gierig und doch mit Anmut ihre Mahlzeit verschlingen. Ein Leben hat er im Dienst der Menschen verbracht. Nun will er sich die Einliegerwohnung im benachbarten Bauernhof einrichten, um dort seine letzte Zeit fern der Großstadt zu verbringen. Katzen hat er allerdings auf dem Hof noch nicht gesehen, und er liebt sie seit seiner Kindheit. Da – eine schlanke graue Katze, wirklich eine Schönheit. Sie gefällt ihm ganz besonders gut.

Schneller als sonst verschlingt die Graue das Fressen, denn sie hört in einiger Entfernung aus dem Gebüsch Katergesang. Zwei Rivalen kämpfen um das Weibchen. Immer lauter wird das Kreischen, ertönen die Kampffugen des Tigers und des Grauen. Dann stürzt sich der Sieger des Gerangels auf das Weibchen und umwirbt sie. Der Kätzin aber gefallen beide Anbeter. Und so erhört sie alle Beide.

Heute stürmt es und die ersten Regentropfen fallen, als der Arzt erneut zum Futterplatz kommt. Die Kätzin geht ihm nicht aus dem Sinn. Gerade kommt sie lautlos aus dem Unterholz. Sie hat ein Bäuchlein! Das darf doch nicht sein, dass sie hier ihre Babys bekommt! Aufgeregt spricht er die Frau an, die das Futter bringt. „Ich nehme die Katze mit ihrem ganzen Wurf mit auf den Hof, wenn sie eingefangen wird. Sie soll Désiree heißen. Nur die Geburt müsste woanders stattfinden, weil die Wohnung nicht fertig ist." „Solche Aufgaben übernimmt der Katzenverein, wenn Sie den Tieren anschließend ein Zuhause geben."

Dieses Mal duftet es verführerisch aus einem Kasten, den die Graue zögernd betritt, um sich heißhungrig auf den Leckerbissen zu stürzen. Die Falle geht zu. Verzweifelt sucht die Kätzin einen Ausweg. Umsonst.

Nach kurzer Zeit spricht eine beruhigende

Stimme auf sie ein. Der Käfig wird hochgehoben und in ein Auto getragen. Fort geht die Fahrt bis zu einem Haus, an dem viele Artgenossen zu riechen sind. Im Inneren wird die Käfigtür geöffnet. Die Katze flüchtet unter ein Sofa.

Tagelang bleibt sie im Versteck, frisst nur, wenn es still ist. Aber es ist ein gutes Heim, in das sie gekommen ist. Sie spürt, dass sich die Tiere hier wohl fühlen und geliebt werden. Ihr Körper wird schwerer, die Geburt rückt näher.

In einer Nacht im Juli treibt die Kätzin die Unruhe, und ihre Menschen werden aufmerksam. Gegen Morgen bringt die schöne Graue sechs Kätzchen zur Welt, vier Kater und zwei Katzen. Die Kleinen ähneln ihren Vätern, den beiden Kämpfern. Liebevoll werden sie von der Katzenmutter und den Menschen umsorgt.

Das Frauchen von zwei Katern ist zu Besuch, als der Anruf kommt: „Der Bauer tobt, er habe schon eine Hofkatze und dulde keine weiteren. So leid es mir tut, ich kann den Wurf nicht nehmen!" Die anmutige Kätzin gefällt dem Gast, zumal sie nun sofort zutraulich ist. „Ich werde meinen Katern eines deiner quirligen Katzen-mädchen zugesellen, wenn sie es akzeptieren, und es Grigi – kleine Graue – nennen."

Und so macht Grigi, als letzte von ihren Ge-schwistern, eine weite Reise. Aber das ist eine neue Geschichte... Ihre Mutter jedoch hat ein Zuhause gefunden.

Jenny

Wie jeden Morgen sitzt die hübsche getigerte Katze mit den weißen Pfötchen am Gitter des Ge-heges für die verwilderten Katzen und wartet auf das Frühstück. Wie jeden Morgen läuft sie dann aber weg und versteckt sich, wenn die Tierpfle-gerin mit den vollen Schüsseln kommt und diese an die Essplätze im Gehege stellt. Kaum geht die Frau wieder, kommt Jenny aus ihrem Versteck und ist bei den ersten Katzen, die sich das Früh-stück schmecken lassen.

Eigentlich ist das ja kein schlechtes Leben hier im Tierheim, aber Jenny vermisst die Frei-heit, das endlose über die Wiesen Streifen, das

Mäuse fangen. Von Tag zu Tag stören sie die Gitterstäbe mehr, die ihr Leben begrenzen. Vor ein paar Wochen haben es ein paar ihrer Freunde geschafft, raus zu kommen, aber die hatten sich schon lange vorher immer an die Tierpflegerinnen rangeschmissen und haben sich anfassen lassen. Als die richtig zutraulich waren, haben sie eigene Familien, eigene Häuser und eigene Gärten bekommen. So was hätte Jenny auch gerne, aber so wie die will sie nicht werden. Sie will sich nicht anfassen lassen, will frei sein und kein Plüschtier für Menschen.

Die Tierpflegerinnen denken schon länger darüber nach, was sie mit den verwilderten Katzen machen sollen, die schon Monate da sind, teilweise sogar schon über ein Jahr. Es gibt nicht genug Futterstellen und auch auf die letzte Plakataktion, mit der Menschen gesucht wurden, die bereit sind, für eine scheue Katze ein Häuschen in ihrem Garten aufzustellen und regelmäßig zu füttern, hat sich niemand gemeldet. Zum weiter Überlegen bleibt keine Zeit, das Tierheim hat heute Tag der offenen Tür, das Wetter ist schön und es werden viele Besucher erwartet. Viele Besucher, die gerne einem Tierheimtier ein Zuhause geben möchten, so hoffen die Tierpflegerinnen.

Den Tag über geht es turbulent zu und so hat niemand mehr einen Überblick, welche Interessenten sich in welchem Katzenzimmer befinden. Selbst bei den scheuen Katzen sind Besucher: eine junge Familie, die gerade einen alten Bauernhof übernommen hat und die – außer einer Schmusekatze für die Kinder – auch noch ein oder zwei scheue Katzen als Mäusefänger holen möchten. Die Familie ist lange im Gehege. Als sie gehen, schlüpft unbemerkt ein kleines Mädchen in dieses Gehege, das mit ihrer Mutter Nadine eigentlich nur zum Schauen gekommen war. Lisa hat einen Schnürsenkel aus ihrem Turnschuh gezogen und bewegt das bunte Band so verführerisch, dass Jenny nicht widerstehen kann, sie muss sich einfach darauf stürzen und den Schnürsenkel fangen. Kind und Katze spielen lange miteinander, so lange bis beide erschöpft sind. Jenny hat ihre Scheu vor diesem kleinen

Menschen längst verloren und weil sie müde ist, legt sie sich neben Lisa ins Gras und schläft ein. Das Mädchen streichelt die Katze noch ein bisschen, aber auch ihr fallen die Augen zu. Noch als beide tief schlafen, liegt ihre Hand auf Jennys getigertem Fell.

Im Tierheimbüro steht Nadine, die verzweifelt ihre Tochter sucht und sie nirgends finden kann. Eine der Tierpflegerinnen hilft beim Suchen, aber das Mädchen ist nicht bei den Hunden, nicht bei den Kaninchen und auch nicht in einem der Katzenzimmer zu finden. Alle Leute, die jetzt noch im Tierheim sind, werden gefragt, ob sie das Mädchen gesehen haben, auch die Familie, die zuvor im Gehege der verwilderten Katzen war. Sie erzählen der Tierpflegerin und der verzweifelten Mutter nun, dass da vorhin ein kleines Mädchen ganz hinten im Gehege gesessen und mit einer getigerten Katze mit weißen Pfoten gespielt hat. Sie sagen, sie hätten gedacht, die Kleine sei das Kind einer der Tierpflegerinnen.

Und wirklich, die Tierpflegerin und Lisas Mutter trauen ihren Augen kaum: dort in der Ecke liegen sie aneinandergekuschelt im Gras – das kleine Mädchen und eine der scheuen Katzen. Die beiden sind inzwischen aufgewacht, Nadine hatte ihre Tochter ziemlich laut gerufen. Ein bisschen wie ertappt stehen Kind und Katze nun da, aber Lisa erklärt sofort energisch, dass sie hier nicht rausgeht ohne ihre Katze und auch die Katze scheint das zu wollen, sie drückt sich eng an Lisas Bein. Ein kurzes Telefonat vom Handy aus und schon hat auch der Vater der Kleinen, der sowieso schon längst eine Katze haben wollte, zugestimmt. Die Mutter nimmt ihre Tochter und Jenny mit nach Hause in ein schönes Haus mit Garten in einem der typischen ruhigen Neubaugebiete, wo viele Freigängerkatzen leben.

„Die Familie haben wir noch eine Zeitlang begleitet" ergänzt Anja. „Jenny hat sich später auch von den Eltern anfassen lassen. Sie führt ein glückliches Katzenleben bei der kleinen Lisa."
„Ja, Kinder und Katzen" lacht Urte, „da habe ich selbst miterlebt, wie ein kleines Mädchen mit

viel Liebe und Geduld einen ganzen Wurf scheuer Katzenbabys gezähmt hat."

Spot

Es ist Mai. Ein harter Winter ist vorbei, und die ersten Sonnenstrahlen wärmen wieder die Erde. Seit wenigen Wochen lebt in der alten renovierten Mühle ein Ehepaar mit seiner kleinen Tochter. Sie kommen aus der Großstadt, sind mit dem Leben auf dem Land und seinen natürlichen Bewohnern nicht vertraut. Aber die sechsjährige Lena erforscht begeistert die fremde Umgebung. Was sie da alles entdeckt!

In der Scheune hat unbemerkt von den Menschen eine zierliche Grautigerin ihre Jungen auf die Welt gebracht. Oben auf dem Heuboden im sicheren Versteck umsorgt sie fürsorglich ihren Wurf. Nur Lena hat sie nicht mit eingeplant. Die hört nämlich beim Herumstöbern Geräusche, steht sofort auf der Leiter und entdeckt überrascht das Nest. Gut für die Kleinen, dass Lena ein ganz liebes Mädchen und für ihr Alter schon sehr vernünftig ist! Ganz behutsam und leise streicht sie den Kleinen über die Köpfchen. Von dem Tag an verschwinden Essensreste aus der Küche. Anja, Lenas Mutter kann sich das nicht erklären. Lena hat sonst keinen sehr großen Appetit. Das Kind wird doch nicht etwa Mäuse füttern?

Da ihre Tochter immer häufiger und länger verschwunden bleibt, steigt die Neugierde der Mutter. Nach einigen Tagen folgt Anja ihrer Tochter unbeobachtet in die Scheune. Dort sind die Katzenkinder schon recht lebhaft am Spielen. Anja erschrickt. Auch ihr gefallen die possierlichen Babys, aber was soll sie mit fünf Katzen anfangen? Nach einigem Nachdenken ruft sie ihre Freundin Marga an. Die war schon immer eine Katzennärrin. Jetzt ist sie zudem beruflich häufig zu Hause. „Oh ja" entgegnet Marga „ich schaue mir die Kätzchen am Sonntag an!" „Du kannst sie nur leider nicht anfassen, die Katzenmutter lässt ausschließlich Lena an ihre Sprösslinge. Sie müssten übrigens etwa sechs Wochen alt sein."

Marga geht hinter Lena in die Scheune. Lena hüpft auf der Leiter auf den Heuboden, fasst einen kleinen Schwarzen und legt ihn Marga in die Hand. Die erlebt völlig überrascht, dass das Kätzchen sein Köpfchen an sie schmiegt, ehe es flüchtet. Damit ist eine Entscheidung gefallen. Nach vierzehn Tagen holt Marga das Katerchen, das sie Spot nennt, zusammen mit einem Brüderchen zu sich nach Hause.

Trotz seiner wilden Mutter ist Spot nach anfänglichem Zögern und Verstecken zutraulich. Er liebt sein Frauchen genauso wie sein Brüderchen. Auch lässt Spot sich kaum aus der Ruhe bringen. Als Pezzi unheilbar krank wird, stirbt und über die Regenbogenbrücke geht, trauert Spot mit seinem Frauchen sehr, freundet sich aber rasch mit dem nur wenig jüngeren roten Miles an. Anfangs ist Miles nach seinem Unfall noch krank, und Spot betreut ihn fürsorglich. Gleichzeitig lässt Spot keine Zweifel aufkommen, wer der Chef im Hause ist. Als die Katzen Jaiza und Cesar für einige Zeit zu Besuch sind und Miles attackieren, stellt sich Spot zwischen die

unfreundlichen Gäste und den fliehenden Kumpel. Er steht nur da – hebt nicht einmal die Pfote. Am Tag danach verprügelt er Cesar aber doch, denn der ist noch unverschämter geworden und muss seine Lektion noch lernen.

Eine besonders enge Bindung entwickelt Spot zu Marga, obwohl er kein Schmusekater ist. Aber wenn es Frauchen schlecht geht, schläft Spot Pfote in Hand mit ihr. Und so ist aus einem Menschen und zwei Katzen ein eingeschworenes Team geworden. Eine Selbstverständlichkeit? Nicht für einen scheuen Kater.

„Spots Frauchen sagt, dass Spot ein richtiger Therapie-Kater sei. Und die Geschichte von Miles erzähle ich euch auch noch" ergänzt Urte. „Zuerst habe ich aber noch ein Erlebnis mit dem Abkömmling einer echten Wildkatze beizusteuern, die eigentlich gar nicht von Menschen gehalten werden können" fährt Sandra fort.

Dani

Die Frühlingssonne blinzelt durch das grüne Laub. Der stattliche braungetigerte Kater mit dem stumpfen buschigen Schwanz schleicht durchs Unterholz auf Beutesuche, räkelt sich dann wohlig in der Wärme. Ein leises Knistern – ein betörender Duft: Das muss eine rollige Kätzin sein. Sie kommt von einem der benachbarten Güter. Die Eroberung beginnt – die Schreie tönen durch den Wald. Paarungszeit! Tagelang kehrt die Katze Myri nicht auf den Hof zurück.

Drei Monate später. Der Bauer stapft schlecht gelaunt über den Hof. Er will einen neuen Traktor abholen, aber der bereits zugesagte Preisnachlass wurde gestrichen. Was bewegt sich denn da am Scheuneneingang? „Verdammt! Myri hat ein Jungtier! Das sieht ja wie eine Wildkatze aus. Wenn die nur dieses verfluchte Schutzgebiet nicht eingerichtet hätten! Noch einen Fresser brauchen wir nicht, sie lassen sich obendrein nicht anfassen." „Das Toben des Landwirts ruft seine Frau herbei. Sie weiß, was sie erwartet.

Ihr sonst freundlicher Mann wird sich nach dem Traktorkauf in der Dorfkneipe Mut antrinken und anschließend das Katzenkind entweder töten oder aussetzen – wie schon so oft.

Kaum sitzt der Bauer im Auto, ruft die Bäuerin aufgeregt im Tierheim an. „Sie müssen das Kleine holen, ehe mein Mann zurück ist!" Florian, der Heimleiter, ist sauer. Warum bieten sie kostenlose Kastrationsaktionen an, wenn die Landwirte ihre Katzen doch nicht operieren lassen? Wildkatzen lassen sich zudem nicht vermitteln. Aber er setzt sich sofort in den Wagen. Angekommen, ist im Stroh auf der Tenne keine Katze zu finden. Während der verzweifelten und hektischen Suche ertönt endlich aus einer Ecke ein leises Fiepen. Unter einer Harke kauert das Katzenkind. Ein Griff – und schnell tritt Florian die Rückfahrt an. Die Mutter muss zurück bleiben, denn Minuten später rollt der Angetrunkene auf den Hof. Weit und breit keine Katze zu sehen. „Bin ich Katzenaufpasserin?" fährt die Frau den Tobenden an. „Entweder siehst du in deinem Suff nichts oder Myri ist in den Feldern!"

Im Tierheim wird der Neuankömmling untersucht – es ist ein Weibchen. Das Katzenmädchen kommt nach kurzer Quarantäne in ein Gehege zu anderen wild geborenen Kindern. Nur stammen die alle von Hauskatzen ab, werden nach und nach vermittelt. Die Halbwildkatze – sie heißt jetzt Dani – lässt aber niemand an sich heran, faucht und fährt die winzigen Krallen aus. Ihr Körperbau entspricht dem Vater, auch wenn sie ein nettes Hauskatzengesichtchen hat. „Wir können sie doch auch nicht auswildern" meint Florian verdrossen. „Für die freie Wildbahn fehlt ihr die Erziehung." „Darüber haben sie gerade wieder im Fernsehen berichtet", entgegnet die Helferin Sandra, die schon zwei Hauskater daheim hat. Aber in ihr entsteht ein Plan. Schließlich ist hinter ihrem Wohnhaus viel Platz zum Spielen und Jagen auf Wiesen und Feldern. Immer und immer wieder beschäftigt sie sich mit dem Katzenkind, lockt es mit Leckereien, macht es mit ihrem Geruch vertraut. Schließlich nimmt sie Dani mit nach Hause. Vier Wochen zieht Dani sich zurück – dann genießt sie zum ersten Mal das Streicheln einer Menschenhand. Und in dem jüngeren Kater hat sie einen tollen Spielgefährten gefunden. Was niemand erwartet hatte: Dani wird eine besonders verschmuste zutrauliche Kätzin, obwohl sie eindeutig von einem Wildkater abstammt – denn sie erkennt ihr Spiegelbild und das können nur Wildkatzen.

Das Gewitter ist mittlerweile vorüber aber die Geschichten waren so spannend. „Das könnten wir doch an den nächsten Wochenenden fortsetzen", meint Sandra. „Dann musst Du auch erzählen wie das eigentlich mit Tommi und Olli weiterging, als Olli so krank wurde." „Feli wurde unsere Tierarzt-Verordnung, als Tommi den kranken Olli ständig verletzte. Felis Geschichte zeigt mal wieder, wie unverantwortlich viele Katzenbesitzer mit ihren Tieren umgehen. Die hübsche Feld-Wald-Wiesen-Katze will man nicht – schon gar nicht mehr, wenn sie eigentlich den Tierarzt braucht" beginnt Urte beim folgenden Treffen. „Feli zeigte bis zum Schluss, dass sie Angst hatte, ihr Zuhause wieder zu verlieren."

Feli

Die alte Tigerkatzendame Feli wechselt aus der geliebten Kuschelhöhle ins Bett von Frauchen, schmiegt sich ganz fest an sie und genießt eine lange Bauchmassage. Dann eine Kurzvisite in der Küche, ob es schon Frühstück gibt. Ein bisschen Katzengras – ab auf die Fensterbank. Was ist draußen los – alles in Ordnung? Oh, das Frühstück kommt! Na ja – nicht so ganz die Lieblingssorte. Lässt Frauchen sich zu einer Änderung überreden? Jaaa, Betteln bringt doch immer was. Ein Rundblick vom Kratzbaum – was treibt die Gefährtin Witchie? Pennt sie schon wieder? Mit lautem Fiepen jagt Feli ihre grüne Spielmaus durch die Wohnung. Und zurück in eine der Höhlen für ein kurzes Schläfchen. Ein ganz normaler Morgen im Leben von Feli. Aber das war nicht immer so.

Feli erinnert sich:

Hunger – ich hatte Hunger! Und ganz viele Katzen, es war fürchterlich eng. Geschlagen und getreten wurden wir fast täglich. Dann kamen

Menschen und nahmen uns mit. Wieder viele Kumpels aber genug zu essen. Mit einem Katerchen hatte ich mich angefreundet, zusammen kamen wir zu einer Frau. Sie hat uns aber bald wieder zurück gebracht. Wieder neue Menschen – auch kleine. Meistens hatte ich Angst vor ihnen. Mein Freund war plötzlich verschwunden. Dann kam ein anderer Kater. „Rassekater" sagten die Menschen. Ständig wurde der Kater verwöhnt. Mir ging es nicht sehr gut damals, ich hatte juckende Ohren und andauernd Durchfall. Die Menschen wollten mich auf einen Bauernhof bringen, aber die Katzenheimleiterin hat mich zurück geholt.

Und wieder kam ich in eine fremde Behausung, wo alles nach zwei Katern roch. Ich habe mich erst mal unter die Menschentoilette verkrochen. Der Kater Olli kam bald, um mich zu begrüßen und zu trösten. Das war ein ganz Lieber. Kater Tommi hat nur gebrummt und gefaucht. Langsam fing ich an, die Wohnung zu erobern, auch wenn Tommi seine Lieblingsplätze verteidigt hat. Auch an das Frauchen schmiegte ich

mich zum ersten Mal. Da wurde selbst Olli eifersüchtig. Doch nach und nach verstanden wir uns besser, auch wenn ich ständig schreckliche Angst hatte.

Dann waren die Kater ebenfalls verschwunden – wie früher mein Freund. „Sie sind beide krank" sagte das Frauchen „und in der Tierklinik!" Nun, ich fand es mit ihr allein sehr gemütlich, habe ganz viel geschmust. Dann wurde ich aber auch weg gebracht. „Zur Untersuchung" sagte das Frauchen. Ich wartete, aber sie holte mich nicht wieder, sondern Fremde kamen. Die waren lieb, nur zu deren Katern durfte ich lange nicht. Ich hätte eine ansteckende Krankheit – was immer das auch sein mag. Plötzlich hieß es aber, ich sei doch gesund.

An einem Samstag im Juni kam mein Frauchen und hat mich wieder heim gebracht. Ja – heim – so habe ich das empfunden und den Garten bei den anderen Leuten trotz der Mäuse überhaupt nicht vermisst. Mit Tommi und Olli habe ich mich jetzt auch vertragen – sogar ganz besonders mit Tommi, weil es Olli damals schon ständig schlecht ging. Deshalb musste er zwei Jahre später über die Regenbogenbrücke gehen.

Tommi und ich waren dann wie ein altes Ehepaar, meinte Frauchen. Aber dennoch brachte sie die Hexe Witchie aus dem Tierheim mit. Ich hielt mich zurück bei dem unfreundlichen Biest, das es nur auf Frauchen abgesehen hatte. Aber zwischen Tommi und ihr krachte es monatelang.

Endlich kehrte wieder Ruhe ein. Leider musste Tommi aber seinem Freund Olli folgen.

Mittlerweile hat Witchie ihre Angst vor mir überwunden, und wir vertragen uns gut. Nur kuscheln mag sie nicht. Dafür haben wir aber unser Frauchen, die gerne mit uns beiden schmust und sich sogar von mir frisieren lässt. Wir haben sie beide ganz doll lieb.

Sie haben mich Feli genannt, weil ich eine Glückskatze sein sollte. Hatte ich wirklich Glück? „Ja" meint Frauchen, weil ich alt werden durfte, obwohl ich die Krankheit doch habe." „Ja" meine ich, weil Witchie und ich ein gutes Zuhause haben und uns meist vertragen. Nur einen netten Kater wünsche ich mir noch ...

„Ja und dann konnte ich im Tierheim Witchie nicht widerstehen, wie Feli schon berichtet hat" seufzt Urte. „Sie war bis zuletzt Charme auf Pfoten, wenn sie nicht gerade Unfug im Kopf hatte!"

Witchie

Noch ist Sommer. Feli und ich genießen die Ruhe. Feli ist eine zehnjährige Grautigerin, ich bin Tommi, Frauchens erster Kater und dreizehn Jahre alt. Feli ist immer noch scheu bis auf spezielle Schmusestunden mit Frauchen. Ich bin mal spröde und giftig, mal kuschele ich mit Frauchen. Schließlich muss man Menschen ja erziehen. Vor wenigen Wochen ist mein langjähriger Gefährte, Grautiger Olli, über die Regenbogenbrücke gegangen. Feli und ich vermissen ihn ebenso wie Frauchen. Aber wir sind doch froh, dass der ständige Stress vorbei ist, denn Olli war viele Jahre schwer krank. Deshalb stand er auch bei Frauchen stets im Mittelpunkt.

Frauchen sagt, sie will keine dritte Katze

mehr. Heute ist sie trotzdem zum Tierheimfest gegangen. Oh Schreck, was bringt sie denn da mit? Einen Transportkorb! Olli kann es doch gar nicht sein. Da kommt – ganz zierlich – mein schwarz-weißes Ebenbild herausgeschossen und verkriecht sich! Leider nicht sehr lange. Ein kesses achtjähriges Weibchen mit graugrün-verschleierten Augen – bildhübsch ist sie.

Ohne zu fragen nimmt sie die ganze Wohnung in Beschlag. Die werde ich gleich mal jagen. Oh je, das endet nur mit Fauchen und Gekreisch. Na, wir werden sie erziehen. Zu Frauchen geht sie auch noch sofort auf den Arm und schnurrt ihr ins Ohr. Was bildet die sich denn ein? Wir brauchen keine Konkurrenz!

Eine Woche später. So, das wäre geschafft, wir haben sie aus unserem Revier vertrieben! Die Neue muss in der Badewanne bleiben – nur wenn Frauchen da ist, kommt sie heraus und hängt schnurrend auf Frauchens Schulter – am liebsten vor dem Computer weit weg von unseren Liegeplätzen. Mit dem Schoß versucht sie es auch. Dreckige Ohren und Durchfall hat sie obendrein mitgebracht. Jetzt dürfen wir alle wieder ständig zur Tierärztin – wie ich das hasse. Denen werde ich es zeigen.

Fast ein halbes Jahr ist dieses kapriziöse Biest – sie heißt übrigens Witchie – nun schon da. Kein Tag vergeht ohne Streit. Heute früh bin ich besonders schlecht gelaunt und tobe durch alle Räume. Hilft alles nichts, alle drei werden wir in die Boxen gesteckt und landen – es darf nicht wahr sein – bei meiner Tierarzt-„Freundin!" Nach der Behandlung müssen wir auch noch da bleiben! Abends geht es endlich wieder nach Hause. Ich rase vor Wut: Hier hat sich alles verändert – die Kuschelplätze, das Bett und vor allem der geliebte Kratzbaum. Ich jage die Weibchen, die sich eh verkrochen haben, heule und fauche Frauchen an. Was hat die sich bloß ausgedacht?!

In der Nacht schmiege ich mich aber schon an Frauchen im neuen Bett. Und am nächsten Morgen untersuche ich die neuen Polstermöbel – die sind ja richtig toll. Nun verändert sich auch irgendetwas mit der Schwarz-Weißen. Sie wohnt ganz oben auf dem hohen Kratzbaum

oder schlüpft nachts zu Frauchen unter die Bettdecke. Sie läuft sogar auf mich zu und gibt mir ein Küsschen, dann kommt Feli und gibt ihr ein Küsschen. Manchmal jagen wir uns natürlich auch noch, und Feli ist sauer über die besetzte Schlafmulde auf dem Kratzbaum, denn die hätte sie selbst nur zu gerne. Da müssen die beiden sich wohl einigen, ich halte mich – ausnahmsweise – raus.

„Das erste halbe Jahr mit Tommi und Witchie war schrecklich. Alle haben mir geraten, Witchie wieder weg zu geben. Heute bin ich aber froh, dass Feli eine Freundin hatte, als Tommi starb. Von Witchie könnte ich euch auch ganz viele Anekdoten erzählen – manchmal schien sie tatsächlich zu zaubern oder verzauberte sie nur?" „Feli und Witchie hatten aber wenigstens Glück, dass sie im Tierheim abgegeben wurden. Randy und Dustin wurden einfach auf die Straße gesetzt. Mich packt jedes Mal die Wut, dass solche Vergehen nicht streng bestraft werden." Sandra hat sich richtig aufgeregt. Anja und Urte stimmen ihr zu. „Aber wenigstens ist das Ende gut."

Randy

Der gerade sechs Monate alte Kater weiß nicht, wie ihm geschieht. „Ich will einen Hund" kreischt eine Stimme. Eben noch im warmen Zuhause befördert ihn ein Fußtritt vor die Tür. Hilflos tapst der rote Minitiger im Halbdunkel auf die unbekannte Straße. Die Scheinwerfer des herannahenden Autos blenden ihn. Von der Gefahr weiß er nichts. Ein heftiger Stoß wirft ihn auf den Fahrbahnrand.

Eine Frau beugt sich über ihn. „Du armer kleiner Kerl. Was für ein Idiot ist dein Halter", schimpft sie. „Ich werde ihn anzeigen!" Die Fremde hebt den Kleinen behutsam hoch. „Ich bringe dich ins Tierheim!" Dem Verletzten ist alles gleichgültig, er rührt weder Futter noch Wasser an und döst in der unbekannten Umgebung.

Am nächsten Morgen wird er – der jetzt Randy heißen soll – wieder in ein fremdes Haus gebracht. „Verletzung – Kieferbruch – Operation!" Er weiß nicht, wovon die Menschen reden. Eine Hand streicht ihm behutsam übers Fell.

Da sitzt eine Frau mit ihren kranken Katern. Als sie den kleinen Roten sieht, kommt ihr spontan eine Idee.

Für die Menschen ist Weihnachten ein tolles Fest, aber Kater Spot hätte gerne darauf verzichtet. Die lange Fahrt zur Familie von Frauchen und der Kumpel, dem es schlecht ging und mit dem er nicht spielen konnte – nein, er hätte lieber seine gewohnte Ordnung gehabt. Und nun ist Pezzi auch noch verschwunden und Frauchen nur noch am Weinen. Das ist doch kein Leben für einen jungen munteren Kater. Das macht wirklich keinen Spaß! Spot weiß nicht, dass eine fremde Frau gerade an ihn denkt.

Bei Spots Frauchen klingelt das Telefon. „Du wolltest doch einen roten Kater? Hier in der Klinik ist der richtige Gefährte im Alter zu deinem Spot passend. Abgesehen von dem Unfall ist er auch gesund." Spots Frauchen überlegt nicht lange. „Ich schaue ihn mir an."

Randy wird operiert, übersteht die Tage in der Klinik, aber ins Tierheim kehrt er nicht zurück. Noch völlig benommen kommt er in einer riesigen Wohnung an mit viel Platz zum Toben und Spielen. Auch ist da ein schwarzer Kater nur wenig älter als er selbst. Noch hat Randy seinen Schock nicht überwunden, aber er wird umsorgt und verwöhnt. Ganz langsam stellt sich der Appetit wieder ein und er beginnt, sein neues Zuhause zu erforschen. Was es da alles gibt. Sogar ein gesichertes Dach auf dem die Katzen spielen können. Und es gibt einen Freund, mit dem man alles teilen kann. „Ein Happyend für Randy" würden die Menschen sagen – nein, denn Randy heißt jetzt Miles, von seinem neuen Frauchen liebevoll Milano genannt.

Dustin

Es ist ein schöner sonniger Frühlingstag, aber der große schwarze Kater bemerkt das nicht einmal. Tagelang irrt er schon herum, aber so schlecht ging es ihm noch nie, er kann nicht schlucken und bekommt keine Luft. Mit letzter Kraft schleppt er sich in einen Garten, bleibt dort bewusstlos vor der Terrassentür liegen.

Das ältere Ehepaar möchte den ersten Frühlingstag genießen mit Kaffee und Kuchen auf der Terrasse. Der Mann und die Frau bemerken die Katze und denken erst, sie sei tot, bei näherem Hinschauen stellen sie aber fest, dass das Tier – stranguliert vom Halsband – noch schwach atmet. Kaffee und Kuchen müssen warten, die Frau packt den halbtoten Kater in Decken, während ihr Mann das Auto aus der Garage holt. Sie rasen zum Tierheim, weil sie nicht wissen, was sie sonst mit dem Verletzten machen sollen.

Die Mitarbeiter im Tierheim sind entsetzt über den schlechten Zustand des Katers. Noch während die Leute erzählen, wie sie das Tier gefunden haben, ist eine der Tierpflegerinnen schon unterwegs in die Tierklinik, eine andere ruft dort an, damit eine Notoperation vorbereitet werden kann. In der Klinik kommt der Schwarze sofort auf den Behandlungstisch. Die Tierheimmitarbeiterin muss dem Tierarzt sogar assistieren.

Der totkranke Kater ist so schwach, dass er der Tierarzt ihm – ohne Narkose, weil er das nicht überlebt hätte – das eingewachsene Halsband aus dem entzündeten Fleisch um den Hals und unter der Achsel herausschneiden muss. Die Wundreinigung ist extrem schmerzhaft, aber noch immer gibt der Kater keinen Laut, drückt nur, als die Wunden genäht und geklammert sind, ganz leicht seinen Kopf gegen die Hand der Tierpflegerin. Es folgen einige Tage in der Tierklinik, während denen sich der Kater langsam erholt, bis er zurück ins Tierheim gebracht wird.

Im Tierheim ist der schwarze Riese bald der Liebling aller Katzenpflegerinnen. Er wird aufgepäppelt und verwöhnt. Ganz gesund wird der Kater aber nie mehr, zu tief hatte das Halsband in sein Fleisch geschnitten, zu viel Gewebe war zerstört. Schnurren kann er gar nicht mehr, dann muss der Kater würgen, weil ihn die Narben am Hals einklemmen. Springen kann er auch nicht mehr besonders gut, zu viel Muskelgewebe ist am rechten Vorderbein zerstört, dort wo sich das

Halsband tief unter die Achsel einschnitten hatte und der Tierarzt einen riesigen vereiterten Bereich wegschneiden musste, um dem Kater die Chance auf ein Weiterleben zu geben.

Von den Besuchern interessiert sich jedoch niemand für den ausgewachsenen Charmeur mit den großflächigen Wunden und Narben. Es ist gerade Babykatzenzeit und alle wollen nur niedliche, gesunde Katzenkinder haben. Der Kater hat von einer der Tierpflegerinnen inzwischen den Namen Dustin (das bedeutet tapferer Kämpfer) bekommen, weil er so tapfer ist und so ums Überleben gekämpft hat. Jetzt kämpft er allerdings um sein Glück. Er schmiegt sich fest an Sandra, eine der ehrenamtlichen Mitarbeiterinnen, die gerade einen ihrer beiden jungen Kater durch eine Krankheit verloren hat. Dustin weiß mit dem katzeneigenen Gespür, dass in dem Zuhause noch ein Jungtier wohnt, zu dem er eigentlich nicht passt – man schätzt ihn immerhin auf 14 Jahre. Aber er ist inzwischen wieder fit, hat nahezu perfekte Zähne und zeigt jedem, der kommt, wie verspielt und temperamentvoll er ist.

Im Tierheim glaubt sowieso niemand mehr daran, dass Dustin ein älterer Herr ist. Natürlich erreicht er das, was er will, er bezaubert seine Lieblingsbetreuerin und ihren Mann so sehr, dass sie ihm schließlich versprechen ihn mit nach Hause zu nehmen, wenn er sich gut mit ihrem jungen Kater versteht und ein Spielkamerad für diesen wird. Ja, Dustin verspricht das. Als Sandra beim nächsten Besuch mit Transportbox kommt, begrüßt Dustin sein neues Frauchen kurz und steigt dann sofort in den Korb. Vier Monate im Tierheim sind eine lange Zeit, er will dieses Zuhause einfach haben.

Daheim angekommen, freundet er sich in nicht mal einer Stunde mit dem dort lebenden jungen Tigerkater an, erkundet jeden Raum und beweist seinem Herrchen, dass er der perfekte Kumpel zum Fußball Gucken im Fernsehen ist. Das Umfeld gefällt ihm, hier will er nie wieder weg.

Jahre später ist es längst klar, dass Dustin kein Kater im besten Kateralter mehr ist, sondern doch schon ein inzwischen ziemlich alter

Herr. Manchmal sind seine Gelenke steif, die Niere macht Probleme, er ist oft müde. Seine wilden fünf Minuten hat er nur noch selten, tobt dann aber nach wie vor herum wie ein Junger und spielt mit seinem Katzenkumpel Fangen. Die meiste Zeit geht er es jedoch gemütlicher an und wenn er dann so auf der Couch vor sich hinträumt und sich kraulen lässt, genießt er es, dass diese beiden Menschen genau ihn haben wollten, ganz gleichgültig wie alt er ist, ob er gesund ist oder nicht.

Dustin ist nun schon seit vielen Jahren der unumstrittene Chefkater des Hauses und Liebling bei allen Menschen. Er ist aber auch froh, dass sein inzwischen längst Erwachsen gewordener Katerkumpel eine gleichaltrige Katzenfreundin bekommen hat, mit der dieser nun stundenlang rumtollt, und dass weitere Kumpel dazu gekommen sind. Den Jüngeren zugucken, sich von seinen Menschen kraulen und verwöhnen lassen, das ist ein Rentnerleben, das Dustin noch viele Jahre genießen will.

„Die meisten interessieren sich im Tierheim auch nur für junge Tiere. Dustin hat noch mal Glück gehabt", sagt Anja. „Es ist aber auch schlimm, wenn Tiere vor dem Tierheim ausgesetzt werden. Wenn man ein Tier nicht mehr halten kann oder möchte sollte man wenigstens soviel Mut haben, es im Tierheim abzugeben."

Maxi, Mini, Molli und Mausi

Wieder eine kalte Winternacht. Im Tierheim ist schon alles ruhig und dunkel. Die Tierheimmitarbeiter haben schon lange Feierabend und sind zuhause bei ihren Familien und bei ihren eigenen Tieren. Auch die Tiere im Tierheim schlafen schon. Ab und zu bellt ein Hund kurz, sonst ist es ganz still.

Auf dem einsamen, dunklen Sträßchen zum Tierheim fährt ein Auto, ziemlich ungewöhnlich für eine Winternacht, da der Weg nur zum Tierheim führt und dort am Waldrand endet. Als der Wagen vor dem Tierheim vorfährt, wird Alex, der riesige Berner-Sennhund-Mischling, wach.

Er hat den Verdacht, dass etwas nicht stimmt und fängt laut an zu bellen. Die anderen Hunde unterstützen ihn und bellen mit.

Das Auto bleibt mit laufendem Motor direkt vor dem Eingang zum Haus stehen und nun fängt Rambo, der als Wächter im Außenbereich bei den Gehegen patrouilliert, an zu knurren und die Zähne zu fletschen. Die beiden in der Dunkelheit kaum zu erkennenden Gestalten tuscheln miteinander, aber der gegen das Gitter springende Schäferhund-Rottweiler-Mix scheint sie von ihrem Vorhaben abzuhalten. Sie tragen die zugeklebte Plastikbox weg vom Eingangsbereich, stellen sie bei der Sammelstelle für die gelben Säcke auf der anderen Seite des Tierheims ab.

Rambo tobt vor Zorn, er würde die Typen am liebsten so richtig zerfleischen. Er hat gerochen, dass in der Plastikbox Katzen sind und kann sich schon denken, dass die Katzen bei dieser klirrenden Kälte vor dem Tierheim ausgesetzt werden. Er hat ja eine Hundetür, kann jederzeit ins warme Hundehaus zurückkehren, aber die armen Kleinen müssen nun die Nacht draußen verbringen. Rambo ist total wütend, er versucht mit aller Gewalt, über das zwei Meter hohe Gittertor zu kommen und schafft das auch fast. Dabei sieht er, wie die Menschen ohne Plastikbox zum Auto zurückkehren und davonrasen.

Alex und Rambo, die beiden ältesten, kräftigsten und größten Hunde beraten kurz, dann rufen sie alle anderen Heimmitbewohner dazu auf, soviel Theater und Lärm wie nur möglich zu machen in der Hoffnung, dass sie irgendeinen Menschen auf das Geschehene aufmerksam machen können. Eine Stunde später fährt eine Polizeistreife beim Tierheim vorbei. Auch wenn die nächsten Wohnhäuser weit entfernt sind, hatten sich Bewohner dort über den anhaltenden Krach geärgert und die Polizei gerufen.

Die Polizisten sehen nichts Auffälliges und so rufen sie den Tierheimleiter an und klingeln ihn aus dem Bett, weil ihnen keine bessere Lösung einfällt, wie die Hunde zu beruhigen sind. Wenige Minuten später kommt Florian noch ziemlich schlaftrunken beim Tierheim an. Rambo empfängt ihn schon am Gitter, laut bellend. Florian öffnet das Tor einen Spalt weit, quetscht sich durch und leint Rambo an. Er hofft, dass Rambo ihm den Grund für den Aufruhr im Hundehaus zeigen kann. Zwar hat er den Verdacht, dass hier jemand – wie schon so oft – Tiere ausgesetzt hat, aber er konnte beim Herfahren weder einen Pappkarton noch eine Transportbox entdecken.

Kaum ist das Gitter offen und Rambo an der Leine, läuft der Hund so stürmisch los, dass er Florian fast umreißt und diesem nichts Anderes übrig bleibt, als hinter ihm her zu rennen. Rambo findet die Plastikbox sofort, sie steht ja bei den gelben Säcken und auch Florian entdeckt die Kiste, nimmt sie und geht mit Rambo aufs umzäunte Tierheimgelände zurück.

Rambo bleibt draußen, er will noch etwas im Hof herum laufen, sich und die anderen Tiere beruhigen. Im Büro angekommen, schneidet Florian das Klebeband durch und öffnet die Box, darin sitzen vier winzige, getigerte Katzenbabys. Die Kleinen zittern und sind völlig apathisch. Florian bringt sie in eine der für solche Notfälle eingerichteten Quarantäneboxen, legt ihnen noch eine Wärmflasche unter das Kissen und stellt eine Rotlichtlampe dazu. Außerdem stellt er Schälchen mit angewärmter Katzenmilch auf. Ein Baby ist deutlich größer als die anderen und so nennt er den kleinen Kater Maxi. Das zarteste Mädchen bekommt von ihm den Namen Mini. Da er schon dabei ist, nennt er das Baby mit dem runden Bäuchlein Molli und den fiependen Winzling Mausi.

Währenddessen haben sich die Polizisten im Tierheimbüro das Video der Überwachungskamera vorgenommen. Dort ist deutlich zu sehen, wie das Auto vor dem Eingangsbereich vorfährt, wie zwei mit dicken Jacken, Schals und Mützen vermummte Menschen aussteigen, wegen des wütenden Rambo aber nicht zum Tor gehen, sondern mit einer Plastikbox in die andere Richtung aus dem Bereich der Kamera verschwinden. Die Kamera hat auch aufgezeichnet, wie sie ohne Box zum Auto zurückkehren und davonfahren.

Die Polizisten geben ihren Kollegen noch vom Tierheimbüro aus das Kennzeichen des Wagens durch und versprechen Florian, dass sofort mit der Fahndung nach den Tätern begonnen wird, denn die erwartet eine saftige Strafe. Florian beruhigt das etwas. Ihm tun aber die vier Katzenbabys schrecklich leid und er hofft, dass Maxi, Mini, Molly und Mausi durch das Aussetzen in der eisigen Kälte keine gesundheitlichen Schäden davongetragen haben. Das wird am nächsten Tag der Tierarzt überprüfen. Zunächst sind die Kleinen aber in Sicherheit und können sich aufwärmen.

„Extrem gemein ist das Aussetzen aber nicht nur bei ganz jungen oder ganz alten Katzen, sondern auch wenn sie gerade menschliche Hilfe dringend nötig hätten", sagt Sandra. „Naima hat es da ganz besonders schwer erwischt." „Na dann erzähl erst mal ihre Geschichte, bevor Du über Tiger berichtest", meint Anja.

Naima

Rasende Wut ist in der kleinen ungepflegten Wohnung mitten in der Stadt spürbar. Hier lebt

Naima. Ihre Besitzer haben gerade bemerkt, dass sie einen dicken Bauch hat. Dabei hätten sie ihre Katze schon vor Monaten kastrieren lassen sollen und die junge Katze ist auch schon seit Wochen trächtig, steht jetzt direkt vor der Geburt.

Bevor Naima versteht, was mit ihr geschieht, wird sie in einen Pappkarton gesteckt und mit dem Auto weggebracht. Als das Auto anhält und die Schachtel geöffnet wird, rennt die verstörte Katze völlig verängstigt um ihr Leben. Sie will nicht sterben, hat zu oft gesehen, wie brutal ihre Menschen werden, wenn sie Streit haben und sich prügeln.

Diese Bilder hat die werdende Mutter im Kopf, als sie voller Panik flüchtet. Aber niemand verfolgt sie und so läuft sie langsamer, bleibt endlich stehen und schaut sich statt dessen lieber um. Naima weiß, dass ihr keine Zeit mehr bleibt, dass es gleich so weit sein wird und ihre ersten Babys das Licht der Welt erblicken werden. Sie sucht nach einem Ort, wo sie ihre Jungen bekommen und großziehen kann. Einladend ist die Gegend nicht. Der einzige Schutz, den sie findet, ist ein Parkhaus. Nicht gut, aber besser als nichts. In einer Ecke hinter dem Aufzug ist es einigermaßen geschützt und da liegt auch eine alte Pizzaverpackung. Eine bessere Wurfkiste findet Naima nicht und sie kann auch nicht mehr weitersuchen. Die Wehen sind inzwischen so stark, dass ihr bei jeder Bewegung die Luft weg bleibt.

In dem alten Karton bekommt Naima ihre Babys. Es sind drei winzig kleine Kätzchen – genauso tiefschwarz wie ihre Mutter, mit dem gleichen weißen Brustfleck. Auch ihre gelben Augen haben alle geerbt. Naima will eine gute Mutter sein, will kämpfen, damit ihre Babys trotz allem einen möglichst guten Start ins Leben haben. Wie eine Löwin verteidigt sie ihre Kinder gegen fremde Katzen und im Notfall auch gegen Menschen, die statt einfach nur in den Aufzug zu steigen „um die Ecke" gucken und das Nest entdecken.

Ohne es zu wissen, bekommt Naima aber auch Hilfe. Seit ein paar Tagen steht da jeden

Abend auf der anderen Seite des Fahrstuhls ein Schüsselchen mit Trockenfutter, das sich Naima gerne schmecken lässt. Aber heute scheint etwas anders zu sein als sonst. Noch kauend und abgelenkt, fühlt Naima plötzlich eine Hand im Nacken, einen festen Griff und die überraschte Katze sitzt in einer Transportbox. Sie schreit, so laut sie kann, wird trotzdem in ein Auto gepackt und sieht dort auf dem Rücksitz – in einem zweiten Transportkorb – ihre drei Kinder.

Die kleine Katzenfamilie wird ins Tierheim gebracht. Dort bekommt sie ein eigenes kleines Zimmer mit kuscheligen Körbchen, Spielsachen und viel gutem Futter. Es dauert nicht lange, da ist Naima froh, dass sie hier ein Zuhause hat, wo sie ihre Kleinen in Ruhe versorgen kann, wo es warm ist, mit Futter im Überfluss und vielen tollen Spiel- und Tobemöglichkeiten für die Kleinen. Auch wenn immer wieder fremde Menschen zu Besuch kommen und die Idylle stören.

Es gibt unter den Eindringlingen aber auch Menschen, die Naima mag. Wie beispielsweise das junge Paar, das so begeistert von ihren beiden Töchtern ist, dass die Mutter ihnen ihre Kinder anvertraut, wohl wissend, dass sie ihre Kleinen nicht ewig behalten und beschützen kann. Der Abschied von ihrem Sohn Nanuk fällt Naima noch schwerer. Sie weiß, dass sie auch ihr letztes Kind in ein eigenes Zuhause gehen lassen muss, aber sie ist unendlich traurig, als ihr Sohn ebenfalls von Menschen, die mit netter, leiser Stimme reden, in eine Transportbox gepackt und weggetragen wird. In ihrer Verzweiflung spürt Naima die Hand kaum, die sie im Genick packt, in eine Transportbox setzt und zum Tierarzt bringt.

Langsam lässt die Benommenheit nach der Narkose nach. Naima begreift noch nicht so recht, was passiert ist. Sie weiß nur, dass sie noch völlig benebelt in fremder Umgebung ist und dass irgendjemand mit kleinen Pfoten ständig auf ihr herumtrampelt. Lieber noch mal schlafen, vielleicht ist die Wirklichkeit schrecklich. Naima wacht erst am nächsten Morgen wieder auf. Ihre linke Vorderpfote ist eingeschlafen und prickelt, als sie die Last beiseite schiebt, die darauf liegt. Wenig später erkennt sie Nanuk, der auf ihrer Pfote geschlummert hat und der nun zusammengekringelt weiterschläft und an seinem Schwänzchen nuckelt.

Leicht ist es für Naima zunächst nicht – eigentlich tut sie es auch nur ihrem kleinen Sohn zuliebe – aber trotzdem lässt sie sich noch mal vorsichtig und zögerlich auf Menschen ein. Wenn der Mann ruft, kommt Naima inzwischen sofort, er füllt ja schließlich ihr Futterschüsselchen. Ebenso reagiert die Katze auf die Rufe der Frau, denn das heißt Spielen – und Naima jagt für ihr Leben gerne Plüschmäuschen und Federbällchen hinterher. Sie fasst langsam Vertrauen und genießt es später dann auch, zusammen mit Nanuk zwischen den beiden Menschen auf der Couch zu liegen und sich streicheln zu lassen. An die Vergangenheit denkt die niedliche schwarze Katze nur noch selten. Sie hat ihr endgültiges Zuhause gefunden.

Als die Helferinnen sich alle wieder treffen, ist inzwischen schon der erste Advent. Die ersten Schneeflocken fallen sanft vom Himmel. „Heute sollten wir es uns besonders gemütlich machen. Ich weiß in der Nähe ein schnuckeliges kleines Restaurant, und ein Glas Rotwein passt auch zu den Geschichten", findet Sandra. Die drei Frauen stapfen durch den Schnee und finden im Lokal einen gemütlichen Ecktisch.

„Ihr habt die erste Vermittlung heute gar nicht mitbekommen" fällt Urte ein. Das Ehepaar machte einen sehr betroffenen Eindruck, als es mit seinem achtjährigen Sohn ins Tierheim kam. Die Eltern hatten sich von der Arbeit auffressen lassen und fast die Familie zerstört. Erst nachdem ein zugelaufener Kater wieder verschwand und der Junge nach einer Grippe einfach nicht gesund werden wollte, begriffen sie, wie verlassen ihr Kind war. Sie haben eine Angestellte in den Laden genommen, und die Eltern sind nun nachmittags abwechselnd zu Hause. Der Kleine hat sich hier im Tierheim sofort in ein zweijähriges Katzenpärchen verliebt, das ein gutes Zuhause erwartet. Der Kater – Casper – hatte sich übrigens selbst ausgesetzt."

Casper

Vor ein paar Jahren ist der schwarze Casper zu Ulrike gezogen. Vorher lebte er bei ihrer Tochter Melanie, aber als das Baby kam, fanden alle diese Lösung besser. Nun, Casper ist zufrieden, er fühlt sich in seinem neuen Zuhause wohl. Melanie wohnt obendrein mittlerweile mit ihrer Familie an einem anderen Ort, etliche Kilometer entfernt. Allerdings kommt sie weiterhin häufig zu Besuch.

Der 14jährige Casper wartet auf sein Frauchen. Die wollte längst zurück sein, ist nur mit dem Hund einer Freundin spazieren gegangen. Es wird spät, er hat Hunger. Dann öffnet sich die Tür, aber Melanie stürmt herein, wühlt in den Schränken, läuft wieder weg. Von Unfall, Fraktur und Krankenhaus hat sie gesprochen. Casper weiß nicht, was das bedeutet. Die aufgeregte Stimme macht ihm Angst. Da kehrt Melanie zurück. Sie setzt Casper in seinen Transportkorb, den er sowieso hasst und bringt ihn zum Auto. Dann fahren sie in Melanies Wohnung. Casper ist total verstört. Er frisst zwar ein paar Happen, aber das Kleinkind verschreckt ihn noch zusätzlich. Auch wenn er Melanie früher sehr geliebt hat – jetzt will er nur weg, zurück zu Ulrike.

In einem unbewachten Moment gelingt Casper die Flucht aus der Wohnungstür. Verzweifelt sucht Melanie tagelang den Kater vergebens. Ihre Mutter kann nicht helfen, weil sie im Krankenhaus liegt. Casper ist nicht einmal gechipt und registriert, weil er in der Wohnung gehalten wurde. Casper bleibt verschwunden. Frustriert verschenkt Ulrike alles, was sie an Casper erinnert.

Casper läuft und läuft und läuft – dann verkriecht er sich im Gebüsch. Nach einer unbequem verbrachten Nacht hat er Hunger. Den Rückweg zu der ihm fremden Wohnung kennt er nicht und Mäusefang hat er nie gelernt. In der Nähe wird es laut, aber vor den herum tobenden Kleinkindern fürchtet er sich. Gegen Mittag kommt ein älterer Junge, wirft seinen Ranzen auf eine Bank, setzt sich und starrt vor sich hin. Daheim erwartet ihn nur selten jemand, weil die

Eltern ständig im neu eröffneten Geschäft arbeiten. Erst viel später holt Tim – so heißt das Kind – uninteressiert ein Brot aus der Tasche. Der Kater schleicht näher. Als Tim ihn entdeckt, leuchten die Augen. Das Schulbrot verschwindet nach und nach in einem Katzenmagen, während Tim den Kater streichelt. Irgendwann geht Tim nach Hause. Aber er kommt noch einmal zurück mit Katzenleckerli aus dem benachbarten Supermarkt.

Das geht einige Tage so. Wenn der Junge weg ist, versteckt sich Casper. Am vierten Nachmittag läuft er hinter Tim zu dessen Wohnhaus. Dort zögert er. Aber das Fenster steht offen, und da die Mutter heute früher heim kam, duftet es verführerisch nach gebratenem Fleisch. Ein Satz – Casper steht mitten in der Wohnung. Ehe die Frau sich von der Überraschung erholt und Casper wieder ins Freie befördern kann, schreit Tim glücklich: „Das ist mein Freund vom Spielplatz!" Die Mutter lässt zu, dass der Kater bleibt, wenn Tim sich um ihn kümmert. Alle wundern sich nur, dass der Freigänger ganz wenig Zeit im Freien verbringt und stattdessen lebhaft in der Wohnung spielt.

Tim kümmert sich fürsorglich um den Kater. Aber Casper hat sein Frauchen nicht vergessen. Nach zehn Monaten – Tim liegt mit Halsschmerzen im Bett und die Eltern sind wie immer außer Haus – hört Casper vor dem Fenster Melanie, die mit Klein-Elli spricht, auf dem Weg zum Spielplatz und ist mit einem Satz draußen.

Melanie genießt mit ihrem Töchterchen die Frühlingssonne auf dem Spielplatz etwas entfernt von ihrer Wohnung. Begeistert baut Elli die ersten Sandburgen. Da – Melanie traut ihren Augen nicht – ein schwarzer Kater! Das ist ohne Zweifel Casper – gesund, nur ein bisschen abgemagert Er lässt sich auch direkt auf den Arm nehmen, obwohl ein Mann dazu stößt, der behauptet, das Tier gehöre ihm. Nein – Melanie gibt Casper nicht mehr her. Sie kehrt sofort in ihre Wohnung zurück, ruft fassungslos ihre Mutter an. Ulrike traut ihren Ohren nicht, rennt zum Auto und sieht endlich ihren Liebling wieder, der sie auch sofort begrüßt.

Rasch wird alles Katzenzubehör neu besorgt, und Casper kehrt nach Hause zurück – ganz brav als Wohnungskater wie zuvor. Er ist ein alter Herr und glücklich, die letzten Jahre bei seinem Frauchen erleben zu dürfen.

„Bei Tiger war das ein bisschen anders. Er wurde ja nicht ausgesetzt und ist auch nicht von Zuhause weggelaufen. Er war aber, als sein Frauchen ins Pflegeheim und er ins Tierheim kam, schon gut zwanzig Jahre alt und daher eigentlich nicht vermittelbar. Für Katzen ist das halt ein schon fast biblisches Alter." „Oh, von wegen biblisch, da erzähle ich Euch nachher noch eine Geschichte", antwortet Urte, „aber jetzt bist Du erst mal dran – von Tiger wollten wir ja schon das letzte Mal hören."

Tiger

Der alte Tigerkater sitzt im Tierheim und versteht die Welt nicht mehr. Bis vor Kurzem war er glücklich mit seinem Frauchen. Sein Herrchen ist schon vor ein paar Jahren gestorben. Seinem Frauchen ging es immer schlechter, die Menschen, die gekommen sind, um den Haushalt zu versorgen und schließlich auch um sein Frauchen zu pflegen, haben sich immer gut um ihn gekümmert. Plötzlich war die Rede von Pflegeheim, ambulante Pflege nicht mehr möglich, Verkauf des Hauses… Tiger ist nicht klar, was die Menschen wollen, die sein Frauchen mitnehmen und die ihn in eine Transportbox stecken und wegbringen. Er kennt auch noch kein Tierheim, war von Kindertagen an bei den beiden alten Leuten, die ihm auch den wenig originellen Namen Tiger gegeben hatten.

Tierheim findet Tiger schrecklich. Die Hunde bellen den ganzen Tag. Er sitzt im „Oldie"-Zimmer, aber außer einer alten blinden Katzendame sind die Mitbewohner dort höchstens halb so alt wie er. Er ist ein schöner, stolzer Kater, dem man seine gut 20 Jahre nicht ansieht, aber ein bisschen ruhiger hätte er es schon gerne.

Ein trauriger alter Herr kommt ins Tierheim und erzählt den Tierpflegerinnen, dass seine Frau schon seit vielen Jahren tot ist und der Tierarzt gestern seine Katze im Alter von 18 Jahren von ihrem Krebsleiden erlösen musste. Er sei nun so schrecklich allein, würde gerne ab und zu kommen, um Katzen zu streicheln, da er mit über 80 Jahren ja keiner Katze mehr ein Zuhause bieten könnte. Die Tierpflegerin stutzt. Herr Müller ist zwar betagt, aber rüstig, sie kennt ihn vom Sehen. Er wohnt alleine in seinem Häuschen, Haushalt und Garten sind tipptopp gepflegt. Sie hat eine Idee und bringt ihn in das Zimmer mit den älteren Katzen.

Tiger sieht den freundlichen Herrn, der mit der Tierpflegerin zur Tür hereinkommt und weiß sofort, dass das sein neues Herrchen sein muss. Mit hoch erhobenem Schwanz läuft er auf Herrn Müller zu und schnurrt ihm um die Beine, lässt sich gerne auf den Arm nehmen, schnurrt nur noch viel lauter. Der alte Herr ist fasziniert von dem schönen stattlichen und verschmusten Kater und fragt die Tierpflegerin, ob der denn schon Interessenten hätte. Auch er spürt, dass das sein Kater ist.

„Nein, Tiger sieht man das zwar nicht an, aber der Kater ist schon über 20 Jahre alt. Möchten Sie den uralten Katzenherrn vielleicht in Pflege nehmen? Wir vermitteln ihn in dem Alter nicht mehr, aber wir würden ihn natürlich sehr gerne zu Ihnen in Pflege geben. So entstehen Ihnen auch keine Kosten."

Wenig später verlässt ein glücklicher alter Mann das Tierheim mit einem ebenso glücklichen alten Kater.

Die beiden genießen nun schon seit einigen Monaten zusammen ihren Ruhestand. Der Kater hilft Herrn Müller bei der Haus- und Gartenarbeit. Für Herrn Müller ist der Kater Freund, Gesprächspartner und Schmusekater in einem. Und auch der Kater liebt sein neues Herrchen sehr. Keiner der beiden kann sich ein Leben ohne den anderen vorstellen und so passen beide gegenseitig gut auf einander auf, um noch möglichst lange zusammen den Garten zu pflegen, auf der Bank vor dem Haus zu sitzen und gemeinsame Stunden vor dem Fernseher zu verbringen mit ein paar Leckerli.

„Da kann ich euch auch noch von Flöckchen erzählen" sagt Urte, „die wegen ihres Alters und
ihrer scheinbaren Dominanz auch fast nicht vermittelt worden wäre. Sie durfte, nachdem Feli
über die Regenbogenbrücke gegangen war, zu
Witchie ziehen."

Flöckchen

Das winzige nur wenige Wochen alte Katzenkind
kauert zitternd in einem kleinen Vorgarten. Es ist
Winter mit hohem Schnee und sein Pelzchen ist
durchnässt. Die Mama und die Geschwisterchen
sind verschwunden. Hilflos weint das Kleine vor
sich hin, als die Haustür aufgeht. Der ältere Mann
wohnt hier schon seit seiner Geburt. Seine Frau
ist kürzlich verstorben und die Tochter längst
aus dem alten Gemäuer in eine moderne Wohnung gezogen. Nun, er ist noch rüstig, führt seinen Haushalt allein. Wegziehen will er nicht. Er
beginnt den Schnee vom Fußweg zu fegen, hört
dabei ein Fiepen. Was ist denn das? Seine Suche
hat Erfolg. Er findet das verschreckte Kätzchen

und bringt es sofort in die gut geheizte Küche. Ein Schälchen mit verdünnter Dosenmilch stillt den ersten Hunger. Dann sucht der Mann nach ein paar Essenresten. „Ich werde dich behalten, du kannst mir Gesellschaft leisten. Du hast wie eine Flocke im Schnee gekauert mit deinem weißen Latz im Tigerfell. Deshalb nenne ich dich Flöckchen!"

So wird die kleine Flocke groß, lebt mit dem alten Mann in seinem Haus. Da er begeisterter Heimwerker ist, liebt sie es, ihn von der Couch zu beobachten. Oder sie flitzt die Dachbodentreppe hoch, um sich oben zu verstecken und in Kästen und Schubladen zu stöbern. Viel kümmert sich der alte Mann nicht um seine Katze. Zu Essen bekommt Flöckchen, was vom Tisch übrig bleibt. Streicheleinheiten gibt es nur unregelmäßig. Wenn sie gar zu lange keine bekommt, fordert sie diese heftig ein. Manchmal erfüllt der Mann den Wunsch, manchmal wird die Grautigerin aber auch nur unsanft beiseite geschoben. Im Laufe der Jahre findet sich Flöckchen damit ab, dass sie mal freundlich und mal eher grob behandelt wird. Sie entwickelt eine Strategie, damit umzugehen. Wird sie gestreichelt, ist sie das sanfte Schmusekätzchen, ist sie dem alten Herrn mal wieder im Weg, setzt sie sich ihm gegenüber als kratzbürstige Kampfkatze durch. So vergehen viele Jahre – eines wie das andere.

Flöckchen ist nun schon eine relativ alte Katze. An diesem Morgen gibt es kein Frühstück. Herrchen ist starr und kalt. Die Tochter, die die Katze nur selten gesehen hat, kommt, steckt sie in einen Korb und nimmt sie mit. In deren schicker Wohnung ist der Kätzin alles fremd. Die Frau verlässt das Haus früh, um zur Arbeit zu gehen, dann trifft sie sich häufig mit Freunden und kommt erst in der Nacht nach Hause. Flöckchen ist unglücklich. Sie beginnt, die Wohnung zu markieren, um auf sich aufmerksam zu machen. Damit verhilft sie der Tochter, welche die Kätzin eh nie sonderlich mochte und von Katzen wenig wusste, zu einem raschen Entschluss. Flocke kommt ins nahe gelegene Tierheim.

Dort sitzt sie nun seit Monaten zusammen mit einem Kater, der sich meist verkriecht. Gelegentlich kommen Leute, gehen aber vorbei. Die Pfleger sind freundlich, bringen Futter, das Flocke nicht kennt, aber wenigstens das Trockenfutter frisst sie. Auch ihre Geschichte in der Tageszeitung lockt keine Interessenten an. Schließlich ist sie fast vierzehn Jahre.

Eines Tages kommen doch zwei Frauen mit Katzenerfahrung. Die Eine sucht eine Zweitkatze für ihre eigene Seniorin und stört sich daher nicht an Flöckchens Alter. Flocke muss wieder in einem Korb erst noch zur Tierärztin, dann in eine fremde Wohnung. Nein, da ist ja schon ein schwarz-weißes Katzenweibchen! Flocke verteidigt Bett und Couch heftig mit Krallen und Zähnen gegen die Frau und die Rivalin. Die Wohnung ist kuschelig, aber sie möchte Einzelkatze oder zumindest Chefin sein! Die freundliche Witchie wird ständig angefaucht und gejagt.

Muss Flocke auch hier wieder weg? Nun – die alte Katzendame bekommt zumindest Zeit zur Eingewöhnung. Flöckchen wird aufmerksam und gut behandelt. Ganz langsam verändert sie ihr Verhalten, lässt sich streicheln ohne ständig zu beißen, faucht die Gefährtin kaum noch an. Sie genießt Kuschelplätze, Kartons und Sonnenbäder, jagt auch mal den roten Punkt des Laser-Pointers statt ständig Witchie zu scheuchen. Futter angeln vom neuen Fummelbrett findet Flöckchen toll. Beim Klang der Kühlschranktür steht sie zuverlässig in der Küche. Ganz allmählich beginnt Flöckchen, mit dem neuen Frauchen zu schmusen, sich an ihr zu reiben. Nur die Treppe mit dem Dachboden vermisst sie sehr. Kratzbäume allerdings machen ihr Angst, obwohl Witchie ihr ständig die Benutzung demonstriert.

Hat die alte Katzendame ihr neues Zuhause gefunden? Ja – und sie trauert sogar sehr, als auch Witchie über die Regenbogenbrücke gehen muss. Mit der quirligen Cinderella, die wenig später einzieht, tut sie sich ein bisschen schwer, weil sie in Wirklichkeit Angst vor Artgenossen hat, obwohl sie nicht alleine sein mag.

„Ja aber Cinderella geht mit der Situation sehr geschickt um und schafft die Annährung. Sie ist ganz glücklich im neuen Zuhause, nachdem die frühere Messi-Wohnung abgebrannt war und sie lange im Tierheim übersehen wurde" fügt Anja hinzu. „Snowy hat genauso viel Glück gehabt. Frage mich nicht, was ich Menschen wünsche, die so ein hilfloses Geschöpf aussetzen. Aber der Autofahrer war wenigstens sehr verantwortungsbewusst – halt selbst Tierhalter."

Snowy

Einsam und völlig verloren tappt der kleine weiße Kater mit den vereinzelten dunklen Tupfen durch den Schnee, beinahe wäre er von einem Auto überfahren worden, kann gerade noch zur Seite springen, als ihn der Scheinwerferkegel erfasst. Er hat das Auto nicht kommen hören, er kann überhaupt nichts hören, ist taub.

Der Autofahrer hat den weißen Kater im letzten Moment gesehen, ist sich aber nicht sicher, ob sein Auto das Kätzchen erfasst hat und hält an, um nachzusehen, ob es verletzt ist. Das höchstens vier Monate alte Katzenkind maunzt den Mann aus einem Schneehaufen an. Um es von allen Seiten betrachten zu können, hebt der Autofahrer den Kater hoch. Er ist erstaunt, dass es sich in seinen Arm kuschelt und versucht, sich im Ärmel der Winterjacke zu verstecken.

Mit nach Hause nehmen geht nicht, der Mann hat einen Hund, der Katzen als Beute betrachtet. Da sich der Mann immer noch nicht sicher ist, ob der kleine Kater verletzt ist oder nur völlig durchgefroren, bringt er ihn zu der Tierärztin, bei der er mit seinem Hund sonst auch immer ist. Dort schildert er die Geschichte und lässt den kleinen Kater, den er zusammen mit der Tierärztin Snowy genannt hat, zur Beobachtung in der Tierarztpraxis. Zum Glück fehlt Snowy nichts, er ist nur hungrig und unterkühlt. Die Tierärztin stellt aber auch schnell fest, dass der Kater nichts hören kann.

Die Suche nach Snowys Besitzern bleibt erfolglos. Alles was sich findet, ist ein völlig durchweichter Pappkarton auf einem Parkplatz in der Nähe der Fundstelle. Offensichtlich wurde der kleine Kater ausgesetzt. Es wird Anzeige gegen

Unbekannt erstattet und es wird nach Zeugen gesucht sowie nach Menschen, die eventuell wissen, wo das weiße Katzenkind vorher gewohnt hat.

Davon weiß der kleine Kater nichts. Er sitzt in einer Box in einem Nebenraum der Tierarztpraxis und ist froh, im Warmen zu sein und sich endlich mal wieder richtig satt essen zu können. Aber nach ein paar Tagen in der Praxis wird ihm doch arg langweilig in der kleinen Box und er fängt an nach Menschen, Spielzeug und Beschäftigung zu rufen und das, weil er ja nicht hören kann, besonders laut.

Eine ältere Dame, die gerade ein frisch kastriertes Katzenmädchen abholt, das ihr kurz zuvor zugelaufen war, hört das Geschrei und fragt die Tierarzthelferin an der Anmeldung, wer da denn so laut miaut. Die Helferin erzählt ihr, was sie über Snowy weiß und dass der Kleine am nächsten Tag ins Tierheim gebracht werden soll, weil seine Besitzer ihn ausgesetzt haben. Die eigene Katze im Körbchen in der Hand, folgt sie der Helferin, um sich den kleinen Schreihals

anzuschauen – und ist sofort fasziniert von dem niedlichen schneeweißen Katerchen.

Sie redet erst mit der Helferin, dann mit der Tierärztin, weil sie den kleinen Kerl gerne mitnehmen und etwas aufpäppeln würde. Ganz behalten wolle sie ihn aber nicht, eine Katze sei genug, aber Snowy könne bei ihr bleiben, bis er ein endgültiges Zuhause gefunden habe.

Zuhause angekommen, schmiegt sich Snowy gleich an die von der Narkose noch ziemlich benommene Blacky und leckt ihr liebevoll die Ohren. Das schwarze und das weiße Katzenkind sind von dem Moment an unzertrennlich, sie kuscheln miteinander, toben vergnügt durch die Wohnung und teilen sich sogar das Futterschälchen. Snowy selbst stört es überhaupt nicht, dass er taub ist und seine neue Freundin Blacky ebenso wenig. So nach und nach richtet ihr Frauchen den beiden ein traumhaft schönes, katzengerechtes Zuhause ein, mit riesigen Kratzbäumen, gemütlichen Kuschelplätzen, viel Spielzeug und sogar noch einer ausbruchsicher gemachten Dachterrasse, damit der taube kleine Kater nicht auf das Draußen sein verzichten muss und trotzdem nicht auf die Straße laufen kann. Davon, dass zwei Katzen zu viel sind, ist schon längst keine Rede mehr.

„Minzi hat der Unfallfahrer ja einfach liegen gelassen" erinnert sich Anja „oder vielleicht gar nicht gesehen." „Und sie ist trotz der zahlreichen Operationen eine fröhliche kleine Katze geblieben, obwohl es mit ihr anstrengend war" ergänzt Sandra. „Im Nachhinein ist es schon fast zum Lachen, als sie mittendrin auch noch das erste Mal rollig wurde und die großen Kater Angst vor ihr hatten und sich aus dem Staub gemacht haben, sobald sie nur in Sichtweite kam. Die kleine Schwarze wirkte halt mit ihren Behinderungen auf ihre kastrierten Artgenossen nicht gerade verführerisch."

Minzi

Benommen und vor Schmerzen fast bewusstlos liegt ein Katzenkind nach der Kollision mit einem

Auto am Straßenrand, aber der Autofahrer fährt einfach weiter. Ein anderes Auto hält. Die Fahrerin schaut, ob das schwarze Fellknäuel noch lebt. Ja, es atmet hektisch, versucht sogar das Köpfchen zu heben. Die Frau hebt das schwerverletzte Kätzchen auf und bringt es in die nahe gelegene Tierklinik.

Dort wird die Kleine sofort in Narkose gelegt und der Klinikchef versucht stundenlang, die völlig zertrümmerten Knochen so weit wie möglich wieder zusammenzuflicken mit Drähten, Schrauben und Metallplatten. Ob die kleine Katze den schweren Unfall überleben wird, ist ungewiss. Der Tierarzt versucht jedenfalls alles in seiner Macht Stehende, um sie zu retten.

Ein Stoß – Dunkelheit – Schmerz! Was ist geschehen? Ein fremder Geruch! Sanfte Hände greifen nach mir, ich komme an einen unbekannten Ort. Der Schmerz verstärkt sich, dann spüre ich lange nichts mehr.

Die Suche nach den Besitzern des Katzenkindes bleibt erfolglos, niemand vermisst die Kleine mit dem auffälligen weißen Brustfleck. Sie bekommt von einer Tierarzthelferin den Namen Minzi.

Minzi erholt sich langsam von ihren schweren Verletzungen, aber sie wird immer behindert bleiben, und es werden noch mehrere Operationen notwendig sein, bis sie wieder ein einigermaßen lebenswertes Leben führen kann. Da Minzi aber erst wieder zu Kräften kommen muss, bevor sie erneut operiert werden kann und da die Tierklinik mit Notfällen überfüllt ist, wird die kleine Katze ins Tierheim gebracht. Nach der ersten, lebensrettenden Operation kann sie sich nur mit den Vorderpfoten ziehend fortbewegen.

Das Tierheim ist nicht der richtige Ort für ein Katzenkind, das nicht nur täglich mehrmals Bewegungstherapie bekommen soll, sondern das auch sehr anhänglich und liebebedürftig ist und Kontakt zu Artgenossen braucht. Und so wird die Kleine auf eine Pflegestelle gebracht. Sie soll Weihnachten dort verbringen bei zwei Menschen und ein paar anderen Katzen.

Kurz vor Weihnachten hat Minzi wieder mehr Schmerzen, sie muss erneut in die Tierklinik, die

Drähte in ihrem Knie, die angefangen haben, sich durch die Haut zu arbeiten, müssen raus.

Neeiin – ich will nicht weg, lasst mich doch hier!! Hier ist meine schwarze Freundin Buffy, ich will bei ihr bleiben!

Als Minzi noch benommen von der Narkose wieder zurück darf, begrüßt Buffy sie stürmisch. Mit dem klobigen Streckverband an ihrem operierten Hinterbeinchen kann Minzi nicht unterm Weihnachtsbaum spielen. Aber sie genießt die Weihnachts-Leckerchen und freut sich sehr, als sie ein Stück gebratene Weihnachtsgans abbekommt.

Auch als der Streckverband abgenommen wird und die Fäden gezogen werden, kann sich Minzi noch kaum bewegen. Sie weint viel in dieser Zeit, möchte sich am liebsten die ganze Zeit bei den Menschen auf dem Arm verstecken. Langsam kann sie wieder besser humpeln und kann auch wieder mit ihrer Katzenfreundin spielen.

Minzi macht in dieser Zeit aber auch große Fortschritte, sie lernt das Klettern und Springen. Natürlich sind es erst nur vorsichtige Kletterversuche und nur Zentimeter hohe Sprünge. Aber bald kann sie mehr und erklimmt den bis zur Decke reichenden Kratzbaum. Wenig später schafft sie es auf Stühle, auf Fensterbänke, schließlich gelangt sie überall hin, wo die gesunden Katzen auch sind.

Hilfe – schon wieder diese Tierklinik. Wieder wird es dunkel, aber heute tut es nicht weh. Und der Spezialist sagt, dass mein Beinchen nicht mehr operiert werden muss.

Jetzt springe ich hinter Buffy durch die Katzenklappe ins Freie. Warum sind meine Menschen denn so panisch? Was heißt das – Autos, Hunde?

Warum werde ich weg gebracht?

Meine neuen Menschen sind lieb und da ist ein Kater in meinem Alter. Oh – er zögert? Was ist denn an mir so komisch? Nein, er kommt und begrüßt mich mit Nasenstupser.

Der junge Kater wird schnell neugierig und freundet sich binnen kürzester Zeit mit der kranken Katze an. Er zeigt ihr wie Buffy Geheimnisse, aber diese neuen Menschen sind stolz, als Minzi durch die Katzenklappe auf den abgesicherten Balkon klettert. Minzi beschließt, dass das nun ihr endgültiges Zuhause sein soll und gibt sich allergrößte Mühe, ihren neuen Menschen zu gefallen. Die beiden haben sich aber schon längst so sehr in Minzis leuchtend gelbe Augen verliebt, dass sie diese sowieso nie wieder hergegeben hätten.

„Was unserer Nachbarin vor einiger Zeit passiert ist, habe ich ja noch gar nicht erzählt. Milana ist auf wirklich originelle Art zu ihrer Katze Naranja gekommen", beginnt Sandra die nächste Geschichte.

Naranja

In Spanien nahe Valencia leben einige der typischen schlanken, schwarzen, spanischen Katzen auf einem riesigen landwirtschaftlichen Betrieb, der Obst und Gemüse für Deutschland produziert. Sie haben dort ein gutes Leben, werden ausreichend mit Futter und Wasser versorgt und haben jede Menge Platz in den Lagerhallen und auf den Plantagen.

Naranja, eine knapp einjährige verspielte Katze ist mal wieder im Hof vor den Lagerhallen auf Eidechsenjagd. Es ist so warm, dass sie ziemlich träge ist, während es ihr scheint, als würden die Reptilien heute besonders schnell rennen. Eine wunderschön bunt schillernde Eidechse möchte Naranja dann doch unbedingt erwischen, aber bevor die Katze sie packen kann, ist die Eidechse in einer Kiste mit Orangen verschwunden. Zu allem Unglück kommen jetzt auch noch Lagerarbeiter, die die Kisten in einen der großen Lastwagen laden, auch die Kiste mit der Eidechse.

So leicht möchte sich Naranja nicht geschlagen geben. Sie will die Eidechse haben und springt in einem unbeobachteten Moment in den Laderaum des Lastwagens und fängt an zwischen den vielen Kisten mit den Orangen nach ihrer Eidechse zu suchen. Und tatsächlich, sie sieht die Eidechse zwischen den Kisten entlang huschen, rennt hinterher, muss aber immer wieder über hohe Stapel mit Kisten klettern, verliert ihre Beute immer wieder aus den Augen und bemerkt vor lauter Jagdfieber nicht, dass die Arbeiter mit dem Beladen des LKWs fertig sind und den Laderaum schließen.

Als sich der Lastwagen in Bewegung setzt, erschrickt Naranja. Schließlich hatten die anderen Katzen sie immer davor gewarnt, in Autos und Lastwagen zu klettern, weil das gefährlich sei. Was daran gefährlich ist, weiß Naranja nicht so richtig, aber sie bekommt große Angst, als sie feststellt, dass der Lastwagen fährt und dass sie keine Chance mehr hat zu entkommen.

Es wird eine lange Fahrt. Teilweise wirkt das gleichmäßig Brummen und Schaukeln einschläfernd auf die gefangene Katze, teilweise wird sie kreuz und quer durch den Laderaum geschleudert, wenn der Fahrer bremsen muss. Naranjas Verzweiflung wird immer größer. Sie ist nun – wie es ihr vorkommt – schon seit einer Ewigkeit zwischen Orangenkisten gefangen, hat Hunger und Durst und kommt sich so klein und so einsam vor wie noch nie in ihrem Leben. An die Eidechse hat sie seit der Abfahrt nicht mehr gedacht, und auch als die Eidechse nun an ihr vorbeihuscht, ist ihr das egal. Diese doofe Eidechse. Die ist schuld an der ganzen Misere, denkt Naranja. Im Grunde genommen weiß sie aber selbst, wie unvorsichtig und leichtsinnig es von ihr war, auf den Lastwagen zu springen, um die Eidechse zu suchen.

Plötzlich hält der Lastwagen an, die Türen zum Laderaum fliegen auf und Männer, die eine seltsame Sprache sprechen, holen die Kisten. Naranja hat Angst und rettet sich mit einem großen Sprung ins Freie. Sie erschrickt sehr, als sie auf weißem, kaltem knirschendem Boden landet und ihre Pfoten dabei auch noch nass werden. Kaltes hartes Wasser hat sie noch nie gesehen und gefühlt. Aber alles Pfoten Schütteln hilft nichts. Der ganze Boden scheint aus diesem harten Wasser zu bestehen und sich in normales Wasser zu verwandeln, wenn sie eine Weile an einer Stelle steht.

Von den Lagerarbeitern interessiert sich niemand für die schwarze Katze, die orientierungslos vor den Laderampen eines Großmarktes herumläuft und fast wie eine Ballerina auf dem vereisten Boden tanzt. So beschließt Naranja, dass es wohl das Beste ist, bei den Orangenkisten zu bleiben. Unauffällig folgt sie den Lagerarbeitern und den Kisten in das Gebäude und ist froh, dass es dort drinnen zumindest ein bisschen wärmer ist.

Staunend schaut sich Naranja um. In der riesigen Halle sind nicht nur Orangen, Gurken, Erdbeeren und Zitronen, die sie von der Obst- und Gemüseplantage daheim kennt. Es gibt hier unglaublich viele verschiedene Früchte, von denen Naranja nicht einmal den Namen weiß. Da Naranja sehr hungrig ist, probiert sie, ob vielleicht etwas Essbares dabei ist, aber alles, was sie anbeißt, schmeckt scheußlich. Hungrig, frustriert und einsam schleicht das schwarze Katzenmädchen zwischen den Paletten mit den Kisten umher, findet aber keinen Ausweg.

Stunden später ist der Hunger immer noch da, Naranja ist jetzt aber auch noch müde und so rollt sie sich in einer Ecke zusammen und schläft ein. Eine Stimme reißt sie aus ihren Träumen und als sie die Augen ein wenig öffnet, sieht sie eine

Frau vor sich. Die Stimme ist sympathisch und die Frau hat auch schon ganz behutsam angefangen, über den Rücken zu streicheln. Naranja ist froh, dass sich jetzt jemand um sie kümmert, und sie erzählt ihre ganze traurige Geschichte. Milana versteht zwar nicht, was die Katze ihr sagen will, bringt ihr aber ein Schüsselchen mit Wasser und gibt ihr etwas von ihrem Pausenbrot ab.

Als Milana den Fußboden gereinigt hat und heim geht, nimmt sie die Katze einfach mit nach Hause. Dort überrascht sie ihre Familie mit dem ungeplanten Familienzuwachs. Vor allem ihre Kinder freuen sich sehr, schließlich haben sie sich schon lange ein Haustier gewünscht. Naranja ist glücklich, dass sie dort gutes Essen bekommt, dass es warm ist und dass die Menschen sie liebevoll behandeln. Sie weiß nicht, dass Milana versucht, den Besitzer zu finden, aber keine Chance hat, da täglich viele Warenlieferungen in der Lagerhalle ankommen und niemand weiß, mit welchen Lastwagen Naranja dort eingetroffen ist. Das ist aber auch gut so, denn Milanas Familie hat die hübsche Katze längst adoptiert.

„Jetzt ist ja bald wieder Weihnachten" sagt Anja. „Zum Weihnachtsgeschenk darf Keines von unseren Tieren werden. Aber erinnert ihr euch noch an die nette Frau Müller, die sich eigentlich einen Pelzkragen zu Weihnachten gewünscht hatte? Sie hat sich übrigens später ein Stückchen Samt auf den Mantel genäht."

Pelzchen

Ein heimeliger gemütlicher Winter-Samstagnachmittag vor dem Kamin. Anton Müller hat die Kerzen am Adventskranz angesteckt und genießt in seinem Lieblingssessel den heißen Glühwein, während draußen die Schneeflocken fallen. Seine Frau Gerda ist in die Stadt gefahren. Sie hatte sich einen neuen Pelzkragen für ihren Tweedmantel gewünscht – den sollte sie sich am besten selbst aussuchen. Herr Müller hat ihr 100 Euro mitgegeben.

Er ist gespannt, was sie gefunden hat. Wo sie nur bleibt? Es wird schon dunkel. Da hört er die Wohnungstür und eine Zeit lang Geraschel im

Flur. Was soll das? Als er nachschauen will, öffnet sich endlich die Zimmertüre und Frau Müller kommt herein. Sie hat etwas Kuscheliges im Arm, aber ein Pelzkragen kann das ja wohl nicht sein – seit wann haben die denn grüne leuchtende Augen?

Wie ein Blitz springt der „Kragen" vom Arm und verkriecht sich erst einmal unter dem Schrank, während Gerda Müller berichtet, was sie erlebt hat. Sie war auf dem Weg in die Stadt am Tierheim vorbei gekommen und wollte dort wie häufig eine kleine Runde drehen. Genau zu diesem Zeitpunkt ertönte aus einem abgestellten Karton am Zaun ein zaghaftes „Mau" und die schon nicht mehr überraschten Helfer fanden einen winzigen – höchstens zehn Wochen alten – Tigerkater. Der zufällig anwesende Tierarzt untersuchte ihn sofort gründlich, nachdem der Kleine eine erste Mahlzeit bekommen hatte. Und Frau Müller – die als Kind schon einmal eine Katze hatte – entschied spontan, dass dieser lebendige Pelzkragen viel wärmer und anschmiegsamer sei. Sie fuhr nun rasch in die

Stadt, um Tragekörbchen, Futter und Katzentoilette zu besorgen. Einen kleinen Kratzbaum fand sie sogar im Sonderangebot. Dann holte sie den Katzenwinzling ab.

Frau Müller lacht: „Jetzt habe ich für 100 Euro nicht nur einen Kragen, sondern einen ganzen Mantel samt Zubehör!" Währenddessen tauchen zwei Ohren und dann ein Köpfchen unterm Sofa auf, und schon beginnt der Minitiger, schnurrend das neue Zuhause zu erforschen. „Das ist ein wunderschönes Weihnachtsgeschenk für uns beide" meint auch Herr Müller, „an dem haben wir bestimmt viel Freude." Und während Frau Müller in der Küche nach einem Leckerbissen sucht, ruft Herr Müller ihr zu: „Wir wollen ihn Pelzchen nennen!" Dann macht der begeisterte Bastler sich daran, das erste Katzenspielzeug herzustellen, und Pelzchen tollt hinter Wollfäden und Seidenbändern her.

„Ja, Katzen gehören wie alle anderen Haustiere nicht auf den Gabenteller, aber sie sind für manche Überraschung gut und können so ungeplant doch zum geliebtesten Weihnachtsgeschenk für die Menschen werden."

Maras Kinder

Die graugetigerte Mara lebt schon lange auf der Straße. Sie hatte früher mal ein Zuhause, aber als ihre Menschen ohne sie in den Urlaub gefahren waren und sie weder Futter noch Wasser bekam, ist sie gegangen. Draußen kann man sich immerhin Mäuse fangen und aus Bächen und Pfützen trinken.

Ihre Babys bekommt sie in einem Gebüsch auf einem völlig verwilderten Grundstück und zieht ihre Kinder alleine groß. Aber die Tage werden kürzer und die Nächte werden kälter. Erst niest ihr kleiner Sohn Marius nur ein wenig, dann bekommt Töchterchen Mona ein verklebtes Auge und die Nase läuft. Schließlich sind alle vier Katzenkinder krank. Mara ist hilflos. Sie versucht, die Äuglein und die kleinen Nasen sauber zu lecken, merkt aber selber, dass das nicht wirklich hilft, dass ihre Babys immer hinfälliger und schwächer werden.

Ob sie doch einmal die nette Nachbarin um Hilfe bitten soll, die ihr inzwischen regelmäßig Futter auf die Terrasse stellt und die sie ab und zu ganz liebevoll streichelt? Als Mara vom Abendessen auf der Terrasse des Nachbarhauses zurückkommt, bemerkt sie, dass ihr Kleinster, Mogli, fiebrig ist. Vorsichtig greift sie ihn mit den Zähnen im Genick, trägt ihn hinüber auf die Terrasse des Hauses und legt den Kleinen behutsam auf der Fußmatte vor der Glastür ab. Da niemand zu sehen ist, macht sich Mara auf den Rückweg, aber erst, nachdem sie Mogli eingeschärft hat, dass er dort liegen bleiben soll.

Nach wenigen Minuten kommt Mara mit Mona zurück und legt sie zu ihrem Brüderchen. Die Kleine kann die Augen inzwischen gar nicht mehr öffnen und bekommt nur noch schlecht Luft. Als nächstes bringt Mara die kleine Melli zum Nachbarhaus, die ganz eitrigen Ausfluss aus der Nase hat. Zuletzt holt Mara ihr kräftigstes Kind, Marius, der noch am besten dran ist und nur etwas erkältet zu sein scheint. Als sie ihn gerade ebenfalls auf der Fußmatte absetzt, kommt Karin, die nette Nachbarin. Sie will nachsehen, ob Mara gefressen hat und ob sie vielleicht noch einen Nachschlag möchte. Überrascht und voller Entsetzen sieht Karin die kranken Katzenbabys, die wimmernd vor ihrer Tür liegen. Sie bemerkt die Verzweiflung in den Augen der Katzenmutter.

Karin holt schnell eine Klappbox, polstert sie mit einem Handtuch aus und setzt die kranken Katzenkinder hinein. Als sie die Kleinen anfasst, schaut ihr Mara aus einiger Entfernung zu, kommt noch einmal kurz zu der Box, um sich zu verabschieden und verschwindet dann schnell im nächsten Gebüsch, bevor Karin zugreifen und auch sie einfangen kann. Karin weiß, dass sie die Minitiger schnellstmöglich zum Tierarzt bringen muss, um das Schlimmste zu verhindern. Gut, dass nicht weit entfernt eine Tierklinik ist.

Dort angekommen werden Marius, Mogli, Melli und Mona medizinisch versorgt, bekommen Flüssigkeit eingeflößt und werden dann mit viel gutem Futter in einer Box auf der Krankenstation untergebracht. Sie müssen einige Tage stationär bleiben, behalten aber dank der intensiven Behandlung keine Schäden zurück und sollen eigentlich ins Tierheim gebracht werden.

Dass die Katzenmama ihr ihre Babys anvertraut hat, hat Karin zutiefst berührt. Obwohl sie noch nie auf die Idee gekommen war, dass sie Haustiere halten möchte, ist sie sich inzwischen sicher, dass es gut und richtig ist, wenn sie die vier Katzenkinder zu sich nimmt und Mara dadurch zeigt, dass sie das Vertrauen der Katzenmutter verdient. Karin hat sich in den Tagen, in denen die Kleinen in der Tierklinik sind, über die Katzenhaltung schlau gemacht und alles Nötige eingekauft. Dann holt sie die Minis aus der Klinik ab und zeigt ihnen stolz den neuen Kratzbaum, die Plüschmäuse, die Futterschälchen und alles, was sie sonst noch besorgt hat.

Mara kann nun durch die Glastür sehen, wie gut es ihren Kindern geht, wie diese auf dem Kratzbaum rumtoben, Spielmäuse jagen und sich auf der Couch von Karin durchknuddeln lassen. Sie ist froh, dass sie ihre Kleinen so gut untergebracht hat, bleibt aber selbst so vorsichtig und zurückhaltend, dass es Karin lange nicht gelingt, sie einzufangen.

Wochen später steht die Terrassentür offen, es duftet verführerisch. Mara kann sich nicht mehr beherrschen. Vorsichtig schleicht sie hinter der Couch lang, unwiderstehlich von dem Duft des Gänsebratens angezogen. Der muss ja aus der Küche kommen. Sie merkt nicht einmal, dass jemand die Terrassentür schließt, während sie den Backofen findet und sich überlegt, wie sie an das lecker duftende Fleisch gelangt.

Karin kommt in die Küche. Weil der Fluchtweg nach draußen versperrt ist, kauert sich Mara in die hinterste Ecke unter der eingebauten Bank. Karin holt die fertig gebrutzelte köstliche Gans aus dem Herd und stellt ein Tellerchen mit Fleischstücken vor die Bank. Mara stürzt sich auf den Braten. Ganz dunkel wird in ihr die Erinnerung wach, dass sie das früher auch genossen hat. War da nicht noch mehr? Als Karin vorsichtig wieder den Raum betritt, sieht sie Mara beim Fressen und fährt ihr behutsam – ganz nebenbei – über das Fell. Leise fängt Mara an zu schnurren. Sie spürt in dem Moment zwar, dass sie noch zum Tierarzt gebracht wird, aber auch, dass sie bei ihren Kindern leben kann und von Karin gut versorgt wird. Karin wiederum ist glücklich. Mara ist endlich zu den Menschen zurück gekehrt und wird zum schönsten Weihnachtsgeschenk.

Inzwischen ist es sehr spät geworden. „Oh je", lachen Sandra, Anja und Urte „jetzt haben wir uns verplaudert." „Wisst ihr eigentlich, dass es sich bei Jesu Geburt auch ein bisschen anders abgespielt hat, als in der Bibel steht?" fragt Urte zum Abschied. Das haben die Evangelisten nur unterschlagen, weil sich damals niemand für Tiere interessiert hat – außer Jesus selbst. Wir wollen im Tierheim noch mal bei den Katzen vorbei und nach dem Rechten schauen, dabei erzähle ich euch die letzte Geschichte. Oder ist es die erste?"

Katzen-Weihnachtsgeschichte

Das kleine Landgut liegt still in der flimmernden Sonne. Es ist nicht so ärmlich wie seine Nachbarn in der ägyptischen Grenzregion, weil sein Besitzer sich Verdienste in Pharaos Kriegen erworben hatte. Pharao war nach seinen Siegen großzügig.

Die wenige Monate alte Falbkatze döst im Schatten einer Tamariske. Erst vor einigen Tagen ist ihre Mutter von einem Löwen gerissen worden. Ihre Aufgaben in diesem Haushalt kennt sie aber bereits. Ihre Katzenerziehung ist abgeschlossen.

Der Bauer steht mit einem israelitischen Händler auf dem Hof. Dieser will gerade die Heimreise antreten. „Deine Kamele sind gesattelt. Die Verpflegung dürfte ausreichen." Der Blick des Händlers fällt auf das Tier. „Was ist das für ein seltsames Geschöpf?" „Kennst du sie nicht? Das sind die Nachkommen der Göttin Bastet. Sie beschützt unser Haus. Niemals dürfen diese Götterkinder Ägypten verlassen, sie sichern unser Glück." „Welcher Schwachsinn", denkt der Jude, „es gibt nur einen Gott. Aber für unseren König wäre das ein reizvolles Spielzeug, er sammelt unbekannte Tierarten. Ich würde reich belohnt."

Ein Sklave ruft nach dem Grundbesitzer, weil soeben die Leitkuh ein Kälbchen geworfen hat. Der Reisende nutzt den Augenblick, greift die kleine Mau, ehe sie sich zu wehren weiß, und steckt sie in einen Binsenkorb. Dann treibt er die Lasttiere zur Eile an. Er weiß, wie er die Grenzwächter umgehen kann. Auf einem geheimen Schmugglerpfad überschreitet er die Grenze nach Judäa.

Einige Tagereisen später kommt er in Bethlehem an. Die gefangene Katze ist abgemagert, weil sie die Nahrung verweigert hat. Sie rührt sich kaum noch im Korb. Die Stadt ist voller Menschen. Der römische Kaiser Augustus hat diese unsinnige Idee mit der Volkszählung, für die jeder hebräische Bewohner Israels in seine Geburtsstadt zurückkehren muss. Auch die Herberge, in die der Händler einkehren will, ist total überfüllt. Zwei einfache Leute stehen mit ihrem Esel auch vor dem Tor. Die Frau ist hochschwanger. „Macht Platz", schreit der Ankömmling, „ich transportiere einen kostbaren Schatz für Herodes!" Der Wirt zögert. Er sieht, dass die Frau vor der Niederkunft steht. Aber der jüdische König ist grausam. Der Wirt weist die kleine Karawane in den Hof und zeigt dem Ehepaar den Weg zu den Höhlen, wo die Ochsen untergebracht sind. „Dort könnt ihr umsonst übernachten, kalt ist es ja nicht." Langsam trottet der Esel mit seiner Last in die angegebene Richtung.

In einer Ecke öffnet der Händler den Katzenkorb. Die kleine Mau mobilisiert ihre letzten Kräfte und fährt ihrem Peiniger mit den Krallen ins Gesicht. Ehe er sich gefasst hat, ist sie hinaus und über die Felder geflohen.

Wenig später kommt sie zu der Höhle, in der sich inzwischen die Menschen notdürftig eingerichtet haben. Unbemerkt fängt sie ein Mäuschen und verkriecht sich erschöpft unterm Viehfutter. Was tut sich hier? Die Mädchenfrau bringt unter Stöhnen ein Kind zur Welt. Der Vater wickelt den Knaben in Tücher und legt ihn in die Futterkrippe. Es wird dunkel. Auf einmal funkeln Lichtstrahlen durch den Eingang und herrliche Stimmen erklingen: „Heute wurde euer Retter geboren. Ehre sei Gott in der Höhe und Frieden allen Geschöpfen auf Erden." Maria, die junge Mutter, hat das Kind an die Brust genommen und schaut mit staunenden Augen. Noch hat sie die Verheißungen nicht begriffen. Hirten eilen von den benachbarten Feldern herbei und werfen sich vor dem Neugeborenen auf die Knie. In dieser Stunde verändert sich die Menschheitsgeschichte.

Dann kehrt Ruhe ein. Als alle zu schlafen scheinen, schleicht sich das Kätzchen zum Baby. Es kuschelt sich mit seinem weichen Fell an das Kind und schnurrt leise. Maria jedoch spürt jede Bewegung und sieht verwundert auf das unbekannte Tier. Aber in dieser Nacht ist kein Raum für Angst und Feindschaft. Behutsam legt sie ihre Hand auf das Katzenköpfchen, dann stellt sie der Kleinen ein Schälchen von der Milch hin, welche die Hirten mitgebracht haben. Durstig schlabbert die Mau.

Sie bleibt bei der Familie in der Höhle, die inzwischen von Joseph wohnlicher gemacht wurde, und erlebt, wie drei Sterndeuter das Kind aufsuchen und reich beschenken. Dann hat Joseph einen Traum. „Bringe Maria und das Kind nach Ägypten, denn Herodes trachtet ihm nach dem Leben. Die Kätzin wird euch den Weg weisen."

Ja, die junge Falbkatze findet den Heimweg über den verborgenen Grenzübergang und auch ein Zuhause für die Flüchtlinge. Denn der Bauer ist überglücklich, als er seine Göttin wiedersieht. „Selbstverständlich habe ich Platz für euch. Ihr habt mir das Glück zurück gebracht." Aber dann blickt er in die leuchtenden Augen des kleinen Jesus und spürt, dass dies der Gott ist, an den er glauben wird.

Wenig später wird auch das Kätzchen Mutter. Ihre Jungen sind kleine Tiger, die an der Stelle, an welcher Maria zum ersten Mal das Tierköpfchen in Liebe berührt hat, ein „M" tragen – wie alle ihre Nachkommen.

Die Autorinnen:

Ursula Druck

(Jahrgang 1946) lebt mit zwei Katzen in Rüsselsheim. Seit vielen Jahren ist die geborene Frankfurterin im Tierschutz aktiv. Sie ist Gründerin und Vorsitzende der „Katzenfreunde Rüsselsheim/Rhein-Main e.V." und hat ein Fernstudium Tierpsychologie Katze (ATN) absolviert.

Sabine Hailfinger

(Jahrgang 1967) lebt mit sechs Katzen und Katern sowie einem Hund in Ofterdingen bei Tübingen. Sie arbeitet seit vielen Jahren ehrenamtlich im Tierheim.

Die Geschichten in diesem Buch basieren auf den Tierschutz-Erfahrungen der beiden Autorinnen. Deshalb haben die meisten der Erzählungen einen realen Hintergrund. Illustrationen nach Fotos der Originalkatzen.

Die Katzen und ihre Geschichten

Olli 5

Streuner...10

Tommi 15

Tweety 22

Nico 28

Chico 31

Desiree 36

Jenny 39

Spot 44

Dani 49

Feli...53

Witchie 58

Randy 63

Dustin 65

Maxi, Mini, Molli und Mausi 71

Naima 76

Casper 83

Tiger..87

Flöckchen 91

Snowy 96

Minzi 101

Naranja 106

Pelzchen 112

Maras Kinder...115

Katzen-Weihnachtsgeschichte 121